Book 2

Math

SPEED TESTS

REINFORCING ESSENTIAL MATH FACTS

GRADES 3—6

Written by Gunter Schymkiw

Published by
World Teachers Press®

Order Number 2-5135
ISBN 978-1-58324-059-5

H I J K L 12 11 10 09 08

395 Main Street
Rowley, MA 01969
www.didax.com

FOREWORD ≈-+≈+-+≈-+≈-+-+≈-+≈+-+-+-+≈-+≈-+-+≈-+

Math Speed Tests – Book 2 provides students with opportunities to improve their rapid calculation skills with essential multiplication and division facts.

Students enjoy the self-competition aspect of these activities while they reinforce their knowledge of essential math facts. Additional material is provided on most pages for fast finishers. This material aligns with the competency level of the speed test being done and touches on an area that students find interesting.

The tests increase in difficulty and are organized with key words. For example, Test 6 is keyed to cover "4x, +." This test covers four times tables problems and addition problems. In some cases, additional review or challenge material may also be included in the test that extends beyond the overall test topic.

Titles in this series include *Math Speed Tests, Grades 1—3* and *Math Speed Tests, Grades 3—6*.

CONTENTS ≈-+≈+-+≈-+≈-+-+≈-+≈+-+-+≈-+≈-+-+≈-+

The Lesson Format – A stopwatch is needed so students can be told their times. Question types should be discussed before the students attempt each test. The tests are designed to reinforce and improve rapid calculation skills, not introduce new concepts.

Students start together. As they complete the speed test, they indicate this by calling out "finished," or putting their hands up. Tell each student the time taken and this is recorded by each student in the space provided. Activities are provided for the student to go on with when finished.

Correcting – You can use a variety of methods for correcting the tests. One approach students enjoy is saying the answers in groups of ten by individual class members.

Make a Booklet – By photocopying back-to-back, a week or term's work can be created in a small booklet. After stapling, a strip of tape can be used to keep the booklet neat.

Make Your Own – Two speed test blanks are included in this book to allow you to provide for the special needs of your students.

Individual ability levels can be met by reducing the number of problems to complete. This can be increased as students gain more confidence with their tables.

FEATURES OF MATH SPEED TESTS

This page is designed to introduce and familiarize students with the tables that will be the focus over the next few pages.

Focus of this speed test.

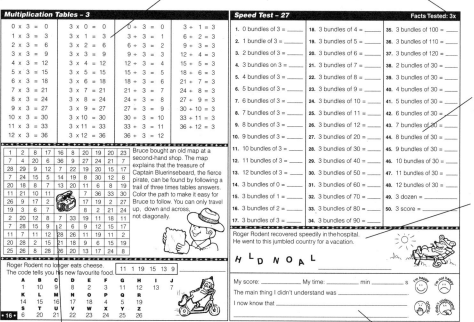

Students complete the 50 problems on the page then indicate when finished.

Early finish activity correlates with the competency level of the speed test.

Students become familiar with the answers of the focus table.

Space provided for students to record their time and to evaluate their performance.

1. _____
2. _____
3. _____
4. _____
5. _____
6. _____
7. _____
8. _____
9. _____
10. _____
11. _____
12. _____
13. _____
14. _____
15. _____
16. _____
17. _____

18. _____
19. _____
20. _____
21. _____
22. _____
23. _____
24. _____
25. _____
26. _____
27. _____
28. _____
29. _____
30. _____
31. _____
32. _____
33. _____
34. _____

35. _____
36. _____
37. _____
38. _____
39. _____
40. _____
41. _____
42. _____
43. _____
44. _____
45. _____
46. _____
47. _____
48. _____
49. _____
50. _____

My score: _____ My time: _____ min _____ s

The main thing I didn't understand was _____.

I now know that _____
_____.

I'm happy   I'm not happy   OOPS!   I didn't understand

1. _____	26. _____	51. _____	76. _____
2. _____	27. _____	52. _____	77. _____
3. _____	28. _____	53. _____	78. _____
4. _____	29. _____	54. _____	79. _____
5. _____	30. _____	55. _____	80. _____
6. _____	31. _____	56. _____	81. _____
7. _____	32. _____	57. _____	82. _____
8. _____	33. _____	58. _____	83. _____
9. _____	34. _____	59. _____	84. _____
10. _____	35. _____	60. _____	85. _____
11. _____	36. _____	61. _____	86. _____
12. _____	37. _____	62. _____	87. _____
13. _____	38. _____	63. _____	88. _____
14. _____	39. _____	64. _____	89. _____
15. _____	40. _____	65. _____	90. _____
16. _____	41. _____	66. _____	91. _____
17. _____	42. _____	67. _____	92. _____
18. _____	43. _____	68. _____	93. _____
19. _____	44. _____	69. _____	94. _____
20. _____	45. _____	70. _____	95. _____
21. _____	46. _____	71. _____	96. _____
22. _____	47. _____	72. _____	97. _____
23. _____	48. _____	73. _____	98. _____
24. _____	49. _____	74. _____	99. _____
25. _____	50. _____	75. _____	100. _____

My score: _____ My time: _____ min _____ s

The main thing I didn't understand was _____.

I now know that _____

_____.

0 x 2 = 0	2 x 0 = 0	0 ÷ 2 = 0	2 ÷ 1 = 2
1 x 2 = 2	2 x 1 = 2	2 ÷ 2 = 1	4 ÷ 2 = 2
2 x 2 = 4	2 x 2 = 4	4 ÷ 2 = 2	6 ÷ 3 = 2
3 x 2 = 6	2 x 3 = 6	6 ÷ 2 = 3	8 ÷ 4 = 2
4 x 2 = 8	2 x 4 = 8	8 ÷ 2 = 4	10 ÷ 5 = 2
5 x 2 = 10	2 x 5 = 10	10 ÷ 2 = 5	12 ÷ 6 = 2
6 x 2 = 12	2 x 6 = 12	12 ÷ 2 = 6	14 ÷ 7 = 2
7 x 2 = 14	2 x 7 = 14	14 ÷ 2 = 7	16 ÷ 8 = 2
8 x 2 = 16	2 x 8 = 16	16 ÷ 2 = 8	18 ÷ 9 = 2
9 x 2 = 18	2 x 9 = 18	18 ÷ 2 = 9	20 ÷ 10 = 2
10 x 2 = 20	2 x 10 = 20	20 ÷ 2 = 10	22 ÷ 11 = 2
11 x 2 = 22	2 x 11 = 22	22 ÷ 2 = 11	24 ÷ 12 = 2
12 x 2 = 24	2 x 12 = 24	24 ÷ 2 = 12	

3	7	13	8	2	10	15	17	3	5
1	9	11	12	15	4	1	15	19	13
19	7	9	16	17	6	5	3	11	7
12	20	18	14	19	2	4	8	7	9
16	17	5	17	11	9	7	10	1	11
8	15	3	15			15	6	19	9
4	13	1	13			22	12	13	11
12	2	4	11			5	3	13	15
1	3	16	7	9	7	17	19	11	17
5	11	10	8	4	9	15	1	9	7
9	13	15	5	6	11	12	10	8	6
17	1	5	9	2	13	14	3	5	4
19	3	7	11	16	24	18	1	11	2

Jim and his faithful dog have become separated at the fair. You can reunite them by coloring a path of two times tables answers. You can only travel up, down and across, not diagonally.

When you have done this, find out how much Jim's three bags cost him and color them.

$4.00 $3.00 $10.00

Total cost =

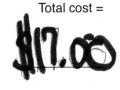

$17.00

11-4-08

1. 2 lots of 0 = _0_

2. 2 lots of 1 = _2_

3. 2 lots of 2 = _4_

4. 2 lots of 3 = _6_

5. 2 lots of 4 = _8_

6. 2 lots of 5 = _10_

7. 2 lots of 6 = _12_

8. 2 lots of 7 = _14_

9. 2 lots of 8 = _16_

10. 2 lots of 9 = _18_

11. 2 lots of 10 = _20_

12. 2 lots of 11 = _22_

13. 2 lots of 12 = _24_

14. 12 lots of 2 = _26_

15. 11 lots of 2 = _28_

16. 10 lots of 2 = _30_

17. 9 lots of 2 = _____

18. 8 lots of 2 = _16_

19. 7 lots of 2 = _14_

20. 6 lots of 2 = _12_

21. 5 lots of 2 = _10_

22. 4 lots of 2 = _8_

23. 3 lots of 2 = _6_

24. 2 lots of 2 = _4_

25. 1 lot of 2 = _2_

26. 2 + 2 + 2 + 2 = _8_

27. 4 + 5 = _9_

28. 6 + 4 = _10_

29. 5 + 3 = _8_

30. 4 + 7 = _11_

31. 6 + 7 = _13_

32. 16 + 7 = _23_

33. 26 + 7 = _33_

34. 36 + 7 = _43_

35. 46 + 7 = _____

36. 56 + 7 = _____

37. 66 + 7 = _____

38. 76 + 7 = _____

39. 86 + 7 = _____

40. 96 + 7 = _____

41. 4 more than 11 = _____

42. 4 more than 14 = _____

43. 8 more than 4 = _____

44. 6 more than 12 = _____

45. 7 more than 10 = _____

46. 1 more than 6 = _____

47. 9 more than 5 = _____

48. 2 more than 9 = _____

49. 10 more than 8 = _____

50. 13 more than 7 = _____

Multiplication is really just a fast way of adding the same number.

3 x 2 = _____

3 lots of 2 = _____

2 + 2 + 2 = _____

$$\begin{array}{r} 2 \\ 2 \\ +\ 2 \\ \hline \\ \end{array}$$

3 lots of two looks like this.

3 lots of 2 boys =
1 group with 6 boys in it

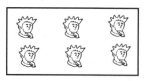

My score: _____ My time: _____ min _____ s

The main thing I didn't understand was _____.

I now know that _____

_____.

 I'm happy

 I'm not happy

 OOPS!

 I didn't understand

11-4-08

1. 12 groups of 2 = 24

2. 2 groups of 8 = 16

3. 0 groups of 2 = 0

4. 5 groups of 2 = 10

5. 2 groups of 1 = 2

6. 2 groups of 5 = 10

7. 2 groups of 10 = 20

8. 2 groups of 12 = 24

9. 6 groups of 2 = 12

10. 8 groups of 2 = 16

11. 2 groups of 2 = 4

12. 2 groups of 6 = 12

13. 9 groups of 2 = 18

14. 7 groups of 2 = 14

15. 2 groups of 7 = 14

16. 2 groups of 11 = 22

17. 2 groups of 7 = 14

18. 7 groups of 2 = _____

19. 3 groups of 2 = _____

20. 2 groups of 9 = _____

21. 2 groups of 6 = _____

22. 8 groups of 2 = _____

23. 6 groups of 2 = _____

24. 2 groups of 8 = _____

25. 2 groups of 3 = _____

26. 10 groups of 2 = _____

27. 4 groups of 2 = _____

28. 9 groups of 2 = _____

29. 2 groups of 9 = _____

30. 11 groups of 2 = _____

31. 2 + 2 + 2 + 2 = _____

32. 2 + 2 + 2 = _____

33. 2 x 9 = _____

34. 2 x 3 = _____

35. 2 + 2 = _____

36. 2 x 6 = _____

37. 2 x 7 = _____

38. 2 x 8 = _____

39. 20 – 2 = _____

40. 18 – 2 = _____

41. 16 – 2 = _____

42. 14 – 2 = _____

43. 12 – 2 = _____

44. 10 – 2 = _____

45. 8 – 2 = _____

46. 60 + 3 = _____

47. 70 + 5 = _____

48. 40 + 8 = _____

49. 90 + 7 = _____

50. 80 + 1 = _____

X says "times," "multiplied by," "lots of" and "of."

3 x 2 can be read as: 3 times 2, 3 multiplied by 2,
3 lots of 2 or 3 of 2.

The answer we get when we multiply is called the **PRODUCT.**

My score: _____ My time: _____ min _____ s

The main thing I didn't understand was _____.

I now know that _____

_____

1. product of 2 x 5 = _____

2. product of 2 x 0 = _____

3. product of 5 x 2 = _____

4. product of 2 x 9 = _____

5. product of 11 x 2 = _____

6. product of 7 x 2 = _____

7. product of 2 x 9 = _____

8. product of 2 x 10 = _____

9. product of 2 x 12 = _____

10. product of 2 x 2 = _____

11. product of 2 x 3 = _____

12. product of 10 x 2 = _____

13. product of 2 x 11 = _____

14. product of 9 x 2 = _____

15. product of 4 x 2 = _____

16. product of 2 x 8 = _____

17. product of 10 x 2 = _____

18. product of 6 x 2 = _____

19. product of 0 x 2 = _____

20. product of 6 x 2 = _____

21. product of 0 x 2 = _____

22. product of 2 x 7 = _____

23. product of 10 x 2 = _____

24. product of 2 x 4 = _____

25. product of 8 x 2 = _____

26. product of 7 x 2 = _____

27. product of 12 x 2 = _____

28. product of 9 x 2 = _____

29. product of 8 x 2 = _____

30. product of 3 x 2 = _____

31. 2 x _____ = 10

32. 2 x _____ = 6

33. 2 x _____ = 14

34. 2 x _____ = 4

35. 2 x _____ = 20

36. 2 x _____ = 2

37. 2 x _____ = 16

38. 2 x _____ = 12

39. 2 x _____ = 18

40. 2 x _____ = 8

41. 2 meters = _____ cm

42. 4 meters = _____ cm

43. 3 meters = _____ cm

44. 8 meters = _____ cm

45. 5 meters = _____ cm

46. 8 + 7 = _____

47. 18 + 7 = _____

48. 28 + 7 = _____

49. 38 + 7 = _____

50. 48 + 7 = _____

Can you name these famous twos? Choose from the answers in the bubble.

Jack and _____

peaches and _____

Barnum and _____

Laurel and _____

Gilbert and _____

Tweedledee and _____

Hardy, Tweedledum, Bailey, Sullivan, cream, Jill

My score: _____ My time: _____ min _____ s

The main thing I didn't understand was _____.

I now know that _____

I'm happy   I'm not happy

OOPS!   I didn't understand

1.　2 x 0 = _____

2.　2 x 11 = _____

3.　7 x 2 = _____

4.　3 x 2 = _____

5.　2 x 9 = _____

6.　8 x 2 = _____

7.　4 x 2 = _____

8.　2 x 12 = _____

9.　5 x 2 = _____

10.　8 x 2 = _____

11.　12 x 2 = _____

12.　7 x 2 = _____

13.　9 x 2 = _____

14.　11 x 2 = _____

15.　2 x 7 = _____

16.　2 x 6 = _____

17.　10 x 2 = _____

18.　2 x 2 = _____

19.　8 x 2 = _____

20.　2 x 3 = _____

21.　2 x 5 = _____

22.　2 x 4 = _____

23.　2 x 7 = _____

24.　10 x 2 = _____

25.　9 x 2 = _____

26.　1 x 2 = _____

27.　2 x 10 = _____

28.　0 x 2 = _____

29.　2 x 8 = _____

30.　6 x 2 = _____

31.　20 ÷ 2 = _____

32.　12 ÷ 2 = _____

33.　8 ÷ 2 = _____

34.　16 ÷ 2 = _____

35.　10 ÷ 2 = _____

36.　14 ÷ 2 = _____

37.　0 ÷ 2 = _____

38.　18 ÷ 2 = _____

39.　2 ÷ 2 = _____

40.　4 ÷ 2 = _____

41.　4 more than 11 = _____

42.　5 more than 8 = _____

43.　7 more than 5 = _____

44.　8 more than 11 = _____

45.　14 more than 1 = _____

46.　6 more than 6 = _____

47.　8 more than 7 = _____

48.　3 more than 9 = _____

49.　9 more than 12 = _____

50.　6 more than 4 = _____

Decorate the two.

List ten things that come in twos.
The first two are done for you.

ears, socks, _____, _____, _____, _____,

_____, _____, _____, _____

My score: _____　　My time: _____ min _____ s

The main thing I didn't understand was _____.

I now know that _____

_____.

1. $3 \times 2 = $ _____
2. $8 \times 2 = $ _____
3. $7 \times 2 = $ _____
4. $4 \times 2 = $ _____
5. $9 \times 2 = $ _____
6. $6 \times 2 = $ _____
7. $8 \times 2 = $ _____
8. $9 \times 2 = $ _____
9. $0 \times 2 = $ _____
10. $10 \times 2 = $ _____
11. $5 \times 2 = $ _____
12. $7 \times 2 = $ _____
13. $8 \times 2 = $ _____
14. $9 \times 2 = $ _____
15. $11 \times 2 = $ _____
16. $10 \times 2 = $ _____
17. $7 \times 2 = $ _____
18. $12 \times 2 = $ _____
19. $5 \times 2 = $ _____
20. $6 \times 2 = $ _____
21. $2 \times 4 = $ _____
22. $2 \times 7 = $ _____
23. $2 \times 3 = $ _____
24. $2 \times 5 = $ _____
25. $2 \times 2 = $ _____

26. $20 \times 3 = $ _____
27. $20 \times 4 = $ _____
28. $20 \times 2 = $ _____
29. $2 \times 20 = $ _____
30. $2 \times 30 = $ _____
31. $12 \times 2 = $ _____
32. $2 \times 7 = $ _____
33. $2 \times 10 = $ _____
34. $2 \times 2 = $ _____
35. $2 \times 9 = $ _____
36. $2 \times 7 = $ _____
37. $2 \times 5 = $ _____
38. $2 \times 8 = $ _____
39. $2 \times 9 = $ _____
40. $2 \times 6 = $ _____
41. $10 + 10 = $ _____
42. $3 + 3 = $ _____
43. $7 + 7 = $ _____
44. $1 + 1 = $ _____
45. $4 + 4 = $ _____
46. $8 + 8 = $ _____
47. $9 + 9 = $ _____
48. $5 + 5 = $ _____
49. $2 + 2 = $ _____
50. $6 + 6 = $ _____

51. $2 \times 30 = $ _____
52. $2 \times 70 = $ _____
53. $2 \times 40 = $ _____
54. $2 \times 80 = $ _____
55. $2 \times 20 = $ _____
56. $2 \times 90 = $ _____
57. $2 \times 60 = $ _____
58. $2 \times 100 = $ _____
59. $2 \times 10 = $ _____
60. $2 \times 50 = $ _____
61. $2 \times 6 = $ _____
62. $6 \times 2 = $ _____
63. $2 \times 4 = $ _____
64. $7 \times 2 = $ _____
65. $2 \times 5 = $ _____
66. $2 \times 7 = $ _____
67. $2 \times 8 = $ _____
68. $2 \times 2 = $ _____
69. $8 \times 2 = $ _____
70. $2 \times 8 = $ _____
71. $9 \times 2 = $ _____
72. $2 \times 3 = $ _____
73. $3 \times 2 = $ _____
74. $9 \times 2 = $ _____
75. $2 \times 9 = $ _____

76. $4 \times 2 = $ _____
77. $7 \times 2 = $ _____
78. $2 \times 6 = $ _____
79. $5 \times 2 = $ _____
80. $10 \times 2 = $ _____
81. $20 \times 2 = $ _____
82. $60 \times 2 = $ _____
83. $100 \times 2 = $ _____
84. $80 \times 2 = $ _____
85. $10 \times 2 = $ _____
86. $70 \times 2 = $ _____
87. $40 \times 2 = $ _____
88. $90 \times 2 = $ _____
89. $50 \times 2 = $ _____
90. $30 \times 2 = $ _____
91. $100 + 6 = $ _____
92. $80 + 6 = $ _____
93. $40 + 7 = $ _____
94. $20 + 7 = $ _____
95. $50 + 6 = $ _____
96. $30 + 7 = $ _____
97. $20 + 6 = $ _____
98. $30 + 6 = $ _____
99. $40 + 6 = $ _____
100. $50 + 7 = $ _____

My score: _____ My time: _____ min _____ s

The main thing I didn't understand was _____.

I now know that _____

.

0 x 4 = 0	4 x 0 = 0	0 ÷ 4 = 0	4 ÷ 1 = 4
1 x 4 = 4	4 x 1 = 4	4 ÷ 4 = 1	8 ÷ 2 = 4
2 x 4 = 8	4 x 2 = 8	8 ÷ 4 = 2	12 ÷ 3 = 4
3 x 4 = 12	4 x 3 = 12	12 ÷ 4 = 3	16 ÷ 4 = 4
4 x 4 = 16	4 x 4 = 16	16 ÷ 4 = 4	20 ÷ 5 = 4
5 x 4 = 20	4 x 5 = 20	20 ÷ 4 = 5	24 ÷ 6 = 4
6 x 4 = 24	4 x 6 = 24	24 ÷ 4 = 6	28 ÷ 7 = 4
7 x 4 = 28	4 x 7 = 28	28 ÷ 4 = 7	32 ÷ 8 = 4
8 x 4 = 32	4 x 8 = 32	32 ÷ 4 = 8	36 ÷ 9 = 4
9 x 4 = 36	4 x 9 = 36	36 ÷ 4 = 9	40 ÷ 10 = 4
10 x 4 = 40	4 x 10 = 40	40 ÷ 4 = 10	44 ÷ 11 = 4
11 x 4 = 44	4 x 11 = 44	44 ÷ 4 = 11	48 ÷ 12 = 4
12 x 4 = 48	4 x 12 = 48	48 ÷ 4 = 12	

7	11	5	33	13	48	32	40	44	7
8	16	32	28	15	16	15	11	20	9
12	5	7	36	9	32	29	24	16	13
16	20	9	32	28	16	31	20	9	19
7	24	35	13	11	7	7	16	11	23
11	28	13	11			11	24	20	5
5	36	15	5			5	7	12	21
13	32	2	7			9	11	16	15
15	40	37	9	4	9	13	5	8	27
39	16	11	12	8	5	12	16	4	17
5	24	3	16	5	13	4	9	5	25
9	32	1	20	16	12	8	13	7	11
3	16	2	15	7	11	13	15	9	5

Help Butch find the way to his dinner bowl by coloring a path of four times tables answers. You can only travel up, down and across, not diagonally.

1. 4 times 0 = _____
2. 4 times 1 = _____
3. 4 times 2 = _____
4. 4 times 3 = _____
5. 4 times 4 = _____
6. 4 times 5 = _____
7. 4 times 6 = _____
8. 4 times 7 = _____
9. 4 times 8 = _____
10. 4 times 9 = _____
11. 4 times 10 = _____
12. 4 times 11 = _____
13. 4 times 12 = _____
14. 12 times 4 = _____
15. 11 times 4 = _____
16. 10 times 4 = _____
17. 9 times 4 = _____

18. 8 times 4 = _____
19. 7 times 4 = _____
20. 6 times 4 = _____
21. 5 times 4 = _____
22. 4 times 4 = _____
23. 3 times 4 = _____
24. 2 times 4 = _____
25. 1 times 4 = _____
26. 0 times 4 = _____
27. 4 x 4 = _____
28. 4 x 7 = _____
29. 4 x 10 = _____
30. 8 x 4 = _____
31. 4 x 9 = _____
32. 6 x 4 = _____
33. 4 x 10 = _____
34. 4 x 8 = _____

35. 100 + 26 = _____
36. 100 + 34 = _____
37. 100 + 57 = _____
38. 100 + 48 = _____
39. 100 + 69 = _____
40. 100 + 73 = _____
41. 99 + 26 = _____
42. 99 + 34 = _____
43. 99 + 57 = _____
44. 99 + 48 = _____
45. 99 + 67 = _____
46. 99 + 79 = _____

Water...

47. Boils at = _____°C
48. Freezes at = _____°C
49. A century = _____ years
50. A decade = _____ years

Color the 4x tables answers to make a picture.

(The picture is sideways.)

14	22	30	33	11	28	33	23
10	18	26	16	40	4	32	24
5	13	14	21	19	24	41	15
7	8	36	20	16	12	3	27

My score: _____ My time: _____ min _____ s

The main thing I didn't understand was _____.

I now know that _____

_____.

11-4-X 8

1. product of 4 x 0 = 0
2. product of 4 x 9 = 36
3. product of 11 x 4 = 44
4. product of 4 x 10 = 40
5. product of 7 x 4 = 28
6. product of 12 x 4 = 36
7. product of 4 x 4 = 16
8. product of 4 x 8 = 32
9. product of 6 x 4 = 24
10. product of 5 x 4 = 28
11. product of 9 x 4 = 36
12. product of 4 x 6 = 24
13. product of 4 x 9 = 36
14. product of 10 x 4 = 40
15. product of 0 x 4 = 0
16. product of 4 x 12 = 36
17. product of 4 x 4 = 16

18. product of 4 x 2 = 8
19. product of 7 x 4 = 28
20. product of 3 x 4 = 12
21. product of 4 x 5 = 20
22. product of 8 x 4 = 32
23. product of 6 x 4 = 24
24. product of 4 x 7 = 28
25. product of 8 x 4 = 32
26. product of 6 x 4 = 24
27. product of 7 x 4 = 28
28. product of 9 x 4 = 36
29. product of 4 x 7 = 28
30. product of 4 x 3 = 12
31. 8 ÷ 4 = 2
32. 40 ÷ 4 = 10
33. 20 ÷ 4 = 5
34. 36 ÷ 4 = 9

35. 24 ÷ 4 = 6
36. 32 ÷ 4 = 8
37. 16 ÷ 4 = 4
38. 28 ÷ 4 = 7
39. 12 ÷ 4 = 3
40. 4 ÷ 4 = 1
41. 4 x 6 = 24
42. 4 x 0 = 0
43. 4 x 2 = 8
44. 4 x 7 = 28
45. 4 x 3 = 12
46. 4 x 8 = 32
47. 4 x 4 = 16
48. 4 x 9 = 36
49. 4 x 10 = 40
50. 4 x 5 = 20

Four-leaf clovers are said to be good luck charms.

Golfers sometimes wear unusual trousers known as "plus fours."

My score: _____ My time: _____ min _____ s

The main thing I didn't understand was _____

I now know that _____

_____.

11-4-8

1. 4 multiplied by 11 = 44
2. 4 multiplied by 10 = 40
3. 4 multiplied by 6 = 24
4. 4 multiplied by 7 = 28
5. 4 multiplied by 12 = 48
6. 4 multiplied by 8 = 32
7. 4 multiplied by 3 = 12
8. 4 multiplied by 5 = 20
9. 4 multiplied by 9 = 36
10. 4 multiplied by 4 = 16
11. 4 x _3_ = 12
12. 4 x _10_ = 40
13. 4 x _4_ = 16
14. 4 x _9_ = 36
15. 4 x _2_ = 8
16. 4 x _6_ = 24
17. 4 x _8_ = 32
18. 4 x _12_ = 48
19. 4 x _5_ = 20
20. 4 x _7_ = 28
21. 2 x 40 = 80
22. 9 x 40 = 360
23. 3 x 40 = 120
24. 4 x 40 = 160
25. 1 x 40 = 40

26. 8 x 40 = 320
27. 10 x 40 = 400
28. 6 x 40 = 3240
29. 7 x 40 = 280
30. 5 x 40 = 200

Write the difference between:

31. 6 and 3 = 9
32. 20 and 5 = 25
33. 7 and 2 = 9
34. 10 and 20 = 30
35. 12 and 8 = 20
36. 11 and 3 = 14
37. 13 and 7 = 20
38. 8 and 4 = 12
39. 15 and 11 = 26
40. 9 and 3 = 12
41. 200 + 5 = 205
42. 600 + 7 = 607
43. 300 + 1 = 301
44. 400 + 2 = 402
45. 800 + 9 = 809
46. 100 + 30 + 7 = 137
47. 200 + 40 + 1 = 241
48. 600 + 20 + 9 = 629
49. 500 + 80 + 6 = 586
50. 700 + 10 + 9 = 719

My score: _____ My time: _____ min _____ s

The main thing I didn't understand was _____.

I now know that _____

_____.

11-4-08

1.   10 lots of 4 = 40
2.   8 lots of 4 = 32
3.   0 lots of 4 = 0
4.   2 lots of 4 = 8
5.   3 lots of 4 = 12
6.   11 lots of 4 = 44
7.   7 lots of 4 = 28
8.   4 lots of 4 = 16
9.   5 lots of 4 = 20
10. 6 lots of 4 = 24
11. 9 lots of 4 = 36
12. 4 lots of 12 = 48
13. 4 lots of 0 = 0
14. 4 lots of 2 = 8
15. 4 lots of 7 = 28
16. 4 lots of 9 = 36
17. 4 lots of 3 = 12

18. 4 lots of 4 = 16
19. 4 lots of 6 = 24
20. 4 lots of 8 = 32
21. 4 lots of 5 = 20
22. 4 lots of 10 = 40
23. 4 lots of 20 = 80
24. 4 lots of 30 = 120
25. 4 lots of 40 = 160
26. 4 lots of 50 = 200
27. 4 lots of 60 = 240
28. 4 lots of 70 = 280
29. 4 lots of 80 = 320
30. 4 lots of 90 = 360
31. $40 \div 4 =$ 10
32. $20 \div 4 =$ 5
33. $4 \div 4 =$ 1
34. $32 \div 4 =$ 8

35. $16 \div 4 =$ 4
36. $28 \div 4 =$ 7
37. $48 \div 4 =$ 12
38. $24 \div 4 =$ 6
39. $12 \div 4 =$ 3
40. $36 \div 4 =$ 8

Round to the nearest 10...

41. 63 = 60
42. 72 = 70
43. 85 = 90
44. 12 = 10
45. 55 = 60
46. 17 = 20
47. 39 = 40
48. 24 = 20
49. 33 = 30
50. 26 = 30

Decorate the four.

Four singers make a quartet.

My score: _____   My time: _____ min _____ s

 I'm happy   I'm not happy

The main thing I didn't understand was _____.

I now know that _____

_____.

 OOPS!   I didn't understand

11-4-10

1. 2 x 4 = 8
2. 4 x 6 = 25
3. 7 x 4 = 35
4. 4 x 7 = 35
5. 10 x 4 = 40
6. 8 x 4 = 41
7. 6 x 4 = 25
8. 4 x 4 = 16
9. 9 x 4 = ___
10. 7 x 4 = 35
11. 4 x 9 = ___
12. 8 x 4 = 41
13. 4 x 0 = 0
14. 9 x 4 = ___
15. 5 x 4 = 20
16. 6 x 4 = 25
17. 10 x 4 = 40
18. 7 x 4 = 35
19. 9 x 4 = ___
20. 12 x 4 = ___
21. 4 x 0 = 0
22. 4 x 9 = ___
23. 4 x 4 = 16
24. 4 x 1 = 4
25. 4 x 6 = 25

26. 4 x 10 = 40
27. 4 x 3 = 12
28. 4 x 7 = 35
29. 4 x 8 = 41
30. 4 x 12 = ___
31. 3 x 4 = 12
32. 11 x 4 = 44
33. 4 x 8 = 41
34. 8 x 4 = 41
35. 4 x 4 = 16
36. 8 x 4 = 41
37. 4 x 10 = 40
38. 4 x 5 = 20
39. 0 x 4 = 0
40. 9 x 4 = ___
41. 4 ÷ 4 = 16
42. 8 ÷ 4 = ___
43. 12 ÷ 4 = ___
44. 20 ÷ 4 = ___
45. 16 ÷ 4 = ___
46. 28 ÷ 4 = ___
47. 36 ÷ 4 = ___
48. 40 ÷ 4 = ___
49. 24 ÷ 4 = ___
50. 32 ÷ 4 = ___

51. 4 x 10 = ___
52. 4 x 20 = ___
53. 4 x 70 = ___
54. 4 x 80 = ___
55. 4 x 40 = ___
56. 4 x 90 = ___
57. 4 x 50 = ___
58. 4 x 100 = ___
59. 4 x 60 = ___
60. 4 x 30 = ___
61. 2 fours = ___
62. 6 fours = ___
63. 8 fours = ___
64. 4 fours = ___
65. 12 fours = ___
66. 3 fours = ___
67. 7 fours = ___
68. 9 fours = ___
69. 10 fours = ___
70. 5 fours = ___
71. 4 x 4 = ___
72. 9 x 4 = ___
73. 8 x 4 = ___
74. 4 x 9 = ___
75. 6 x 4 = ___

76. 4 x 4 = ___
77. 4 x 7 = ___
78. 4 x 9 = ___
79. 4 x 4 = ___
80. 10 x 4 = ___
81. 4 x 4 = ___
82. 4 x 3 = ___
83. 8 x 4 = ___
84. 4 x 0 = ___
85. 7 x 4 = ___
86. 4 x 2 = ___
87. 5 x 4 = ___
88. 4 x 8 = ___
89. 9 x 4 = ___
90. 4 x 11 = ___
91. 1 x 40 = ___
92. 2 x 40 = ___
93. 5 x 40 = ___
94. 10 x 40 = ___
95. 6 x 40 = ___
96. 3 x 40 = ___
97. 7 x 40 = ___
98. 8 x 40 = ___
99. 4 x 40 = ___
100. 9 x 40 = ___

My score: _____ My time: _____ min _____ s

The main thing I didn't understand was _____.

I now know that _____
_____.

1. 0 x 2 = _____
2. 0 x 4 = _____
3. 11 x 2 = _____
4. 1 x 4 = _____
5. 12 x 2 = _____
6. 2 x 4 = _____
7. 3 x 2 = _____
8. 3 x 4 = _____
9. 4 x 12 = _____
10. 4 x 4 = _____
11. 5 x 2 = _____
12. 5 x 4 = _____
13. 6 x 2 = _____
14. 6 x 4 = _____
15. 7 x 2 = _____
16. 7 x 4 = _____
17. 8 x 2 = _____

18. 8 x 4 = _____
19. 9 x 2 = _____
20. 9 x 4 = _____
21. 10 x 2 = _____
22. 10 x 4 = _____
23. 2 + 2 + 2 = _____
24. 4 + 4 + 4 = _____
25. 2 + 2 + 2 + 2 = _____
26. 4 + 4 + 4 + 4 = _____
27. 2 + 2 = _____
28. 4 + 4 = _____
29. 2 x 10 = _____
30. 2 x 100 = _____
31. 2 x 20 = _____
32. 2 x 200 = _____
33. 4 x 20 = _____
34. 4 x 200 = _____

35. 2 x 20 = _____
36. 20 – 3 = _____
37. 20 – 7 = _____
38. 20 – 8 = _____
39. 20 – 1 = _____
40. 20 – 4 = _____
41. 10 – 3 = _____
42. 20 – 3 = _____
43. 30 – 3 = _____
44. 40 – 3 = _____
45. 50 – 3 = _____
46. 60 – 3 = _____
47. 70 – 3 = _____
48. 80 – 3 = _____
49. 90 – 3 = _____
50. 100 – 3 = _____

How far does Jim live from the chocolate factory? By adding the numbers on the path, you will find the distance in meters.

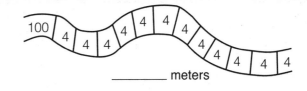

_____ meters

My score: _____　　My time: _____ min _____ s

The main thing I didn't understand was _____.

I now know that _____
_____.

　　　Math Speed Tests – Book 2

1. 4 groups of 2 = _____
2. 8 groups of 2 = _____
3. 3 groups of 2 = _____
4. 6 groups of 2 = _____
5. 4 groups of 8 = _____
6. 9 groups of 2 = _____
7. 1 group of 2 = _____
8. 3 groups of 4 = _____
9. 6 groups of 4 = _____
10. 9 groups of 4 = _____
11. 2 groups of 4 = _____
12. 11 groups of 4 = _____
13. 4 groups of 4 = _____
14. 7 groups of 4 = _____
15. 12 groups of 2 = _____
16. 2 groups of 7 = _____
17. 2 groups of 5 = _____

18. 4 groups of 5 = _____
19. 10 groups of 2 = _____
20. 4 groups of 10 = _____
21. $14 \div 2 =$ _____
22. $8 \div 2 =$ _____
23. $12 \div 2 =$ _____
24. $2 \div 2 =$ _____
25. $10 \div 2 =$ _____
26. $24 \div 2 =$ _____
27. $18 \div 2 =$ _____
28. $6 \div 2 =$ _____
29. $16 \div 2 =$ _____
30. $20 \div 2 =$ _____
31. $12 \div 4 =$ _____
32. $24 \div 4 =$ _____
33. $48 \div 4 =$ _____
34. $16 \div 4 =$ _____

35. $32 \div 4 =$ _____
36. $40 \div 4 =$ _____
37. $44 \div 4 =$ _____
38. $20 \div 4 =$ _____
39. $28 \div 4 =$ _____
40. $36 \div 4 =$ _____
41. $2 + 2 =$ _____
42. $2 \times 2 =$ _____
43. $20 + 20 =$ _____
44. $2 \times 20 =$ _____
45. $20 \times 2 =$ _____
46. $6 + 5 =$ _____
47. $5 + 6 =$ _____
48. $8 + 7 =$ _____
49. $7 + 8 =$ _____
50. $5 + 8 =$ _____

Write this time in digital form:
Sixteen minutes to five.

_____

Tetra in front of a word often means four.
A four-sided closed shape is best known as a
quadrilateral but can also be known as a tetragon.
Find out what these things have to do with four.

tetrarch   tetragram   tetrapod

My score: _____ My time: _____ min _____ s

The main thing I didn't understand was _____.

I now know that _____

_____.

0 x 10 = 0	10 x 0 = 0	0 ÷ 10 = 0	10 ÷ 1 = 10
1 x 10 = 10	10 x 1 = 10	10 ÷ 10 = 1	20 ÷ 2 = 10
2 x 10 = 20	10 x 2 = 20	20 ÷ 10 = 2	30 ÷ 3 = 10
3 x 10 = 30	10 x 3 = 30	30 ÷ 10 = 3	40 ÷ 4 = 10
4 x 10 = 40	10 x 4 = 40	40 ÷ 10 = 4	50 ÷ 5 = 10
5 x 10 = 50	10 x 5 = 50	50 ÷ 10 = 5	60 ÷ 6 = 10
6 x 10 = 60	10 x 6 = 60	60 ÷ 10 = 6	70 ÷ 7 = 10
7 x 10 = 70	10 x 7 = 70	70 ÷ 10 = 7	80 ÷ 8 = 10
8 x 10 = 80	10 x 8 = 80	80 ÷ 10 = 8	90 ÷ 9 = 10
9 x 10 = 90	10 x 9 = 90	90 ÷ 10 = 9	100 ÷ 10 = 10
10 x 10 = 100	10 x 10 = 100	100 ÷ 10 = 10	110 ÷ 11 = 10
11 x 10 = 110	10 x 11 = 110	110 ÷ 10 = 11	120 ÷ 12 = 10
12 x 10 = 120	10 x 12 = 120	120 ÷ 10 = 12	

40	50	60	70	80	90	100	90	80	70
30	53	52	21	22	51	49	48	47	60
20	54	90	100	90	80	70	60	46	50
10	55	80	18	16	14	13	50	45	40
20	56	70	19	17	15	12	40	44	30
30	57	60	23			11	30	43	20
40	58	50	24			10	20	42	10
50	59	40	25			35	36	41	50
60	61	30	26	29	31	34	37	48	100
70	62	20	27	28	32	33	38	39	90
80	63	10	20	30	40	50	60	70	80
90	64	65	66	67	68	69	71	72	73
100	10	20	30	40	50	60	70	80	90

Jane is very proud of herself. She did not make any mistakes in her ten times tables test. Now she is going to show Bruce her book with checks all over it. The way to get there is by following the path made by all the squares with ten times tables answers on them.

This is so easy you could do it in your sleep, couldn't you? Color the squares with ten times answers on them just to prove it. You can only travel up, down and across, not diagonally.

1. 10 x 0 = _____

2. 10 x 1 = _____

3. 10 x 2 = _____

4. 10 x 3 = _____

5. 10 x 4 = _____

6. 10 x 5 = _____

7. 10 x 6 = _____

8. 10 x 7 = _____

9. 10 x 8 = _____

10. 10 x 9 = _____

11. 10 x 10 = _____

12. 10 x 11 = _____

13. 10 x 12 = _____

14. 1 group of 10 = _____

15. 2 groups of 10 = _____

16. 3 groups of 10 = _____

17. 4 groups of 10 = _____

18. 5 groups of 10 = _____

19. 6 groups of 10 = _____

20. 7 groups of 10 = _____

21. 8 groups of 10 = _____

22. 9 groups of 10 = _____

23. 10 groups of 10 = _____

24. 11 groups of 10 = _____

25. 12 groups of 10 = _____

26. 4 x 10 = _____

27. 5 x 10 = _____

28. 7 x 10 = _____

29. 9 x 10 = _____

30. 0 x 10 = _____

31. 20 ÷ 10 = _____

32. 50 ÷ 10 = _____

33. 90 ÷ 10 = _____

34. 100 ÷ 10 = _____

35. 80 ÷ 10 = _____

36. 30 ÷ 10 = _____

37. 60 ÷ 10 = _____

38. 40 ÷ 10 = _____

39. 70 ÷ 10 = _____

40. 10 ÷ 10 = _____

41. 10 + 10 + 10 = _____

42. 2 x 10¢ = _____¢

43. 3 x 10¢ = _____¢

44. 5 x 10¢ = _____¢

45. 7 x 10¢ = _____¢

46. 9 x 10¢ = _____¢

47. 4 x 10¢ = _____¢

48. 8 x 10¢ = _____¢

49. 6 x 10¢ = _____¢

50. 1 x 10¢ = _____¢

 This symbol says:

divide   "share"

"how many"   "divided by"

Our number system is based on the number ten. Whenever ten is reached in any column, a new column has to be added.

My score: _____   My time: _____ min _____ s

The main thing I didn't understand was _____.

I now know that _____

_____.

1. product of 4 x 10 = _____
2. product of 10 x 10 = _____
3. product of 1 x 10 = _____
4. product of 9 x 10 = _____
5. product of 2 x 10 = _____
6. product of 12 x 10 = _____
7. product of 10 x 5 = _____
8. product of 10 x 12 = _____
9. product of 8 x 10 = _____
10. product of 6 x 10 = _____
11. product of 10 x 10 = _____
12. product of 7 x 10 = _____
13. product of 10 x 6 = _____
14. product of 10 x 2 = _____
15. product of 8 x 10 = _____
16. product of 10 x 1 = _____
17. product of 10 x 9 = _____

18. product of 10 x 4 = _____
19. product of 7 x 10 = _____
20. product of 0 x 10 = _____
21. product of 9 x 10 = _____
22. product of 3 x 10 = _____
23. product of 11 x 10 = _____
24. product of 5 x 10 = _____
25. product of 10 x 6 = _____
26. product of 10 x 11 = _____
27. product of 10 x 0 = _____
28. product of 10 x 10 = _____
29. product of 10 x 7 = _____
30. product of 10 x 3 = _____

Write as dollars and cents.

31. 3¢ = _____
32. 7¢ = _____
33. 0¢ = _____

34. 8¢ = _____
35. 2¢ = _____
36. 6¢ = _____
37. 1¢ = _____
38. 9¢ = _____
39. 5¢ = _____
40. 4¢ = _____
41. 10 – 7 = _____
42. 20 – 7 = _____
43. 30 – 7 = _____
44. 40 – 7 = _____
45. 50 – 7 = _____
46. 60 – 7 = _____
47. 70 – 7 = _____
48. 80 – 7 = _____
49. 90 – 7 = _____
50. 100 – 7 = _____

Division can be used when sharing.
Example: Rover wants to share his 7 bones between Butch Bulldog and Algernon the Poodle.
This is how he shares them.

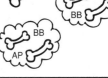

Butch gets 3 and Algernon gets 3. There is 1 left over. 7 ÷ 2 = 3 r1, "r" stands for the remainder.

My score: _____   My time: _____ min _____ s

The main thing I didn't understand was _____.

I now know that _____

_____

Math Speed Tests – Book 2

1. 10 groups of 2 = _____
2. 10 groups of 6 = _____
3. 2 groups of 9 = _____
4. 4 groups of 2 = _____
5. 2 groups of 4 = _____
6. 2 groups of 2 = _____
7. 4 groups of 4 = _____
8. 2 groups of 6 = _____
9. 10 groups of 5 = _____
10. 4 groups of 6 = _____
11. 10 groups of 3 = _____
12. 4 groups of 7 = _____
13. 4 groups of 3 = _____
14. 2 groups of 3 = _____
15. 4 groups of 5 = _____
16. 10 groups of 7 = _____
17. 10 groups of 4 = _____

18. 2 groups of 7 = _____
19. 2 groups of 5 = _____
20. 10 groups of 8 = _____
21. 10 groups of 9 = _____
22. 2 groups of 8 = _____
23. 4 groups of 8 = _____
24. 10 groups of 10 = _____
25. 4 groups of 9 = _____
26. 100 + 85 = _____
27. 99 + 85 = _____
28. 100 + 67 = _____
29. 99 + 67 = _____
30. 100 + 48 = _____
31. 99 + 48 = _____
32. 100 + 96 = _____
33. 99 + 96 = _____
34. 100 + 34 = _____

35. 99 + 34 = _____
36. $20.00 – $5.00 = _____
37. $10.00 – $4.00 = _____
38. $15.00 – $9.00 = _____
39. $50.00 – $1.00 = _____
40. $11.00 – $3.00 = _____

Write as cents.

41. $2.15 = _____ ¢
42. $1.85 = _____ ¢
43. $1.45 = _____ ¢
44. $2.70 = _____ ¢
45. $4.05 = _____ ¢
46. $3.15 = _____ ¢
47. $5.25 = _____ ¢
48. $8.05 = _____ ¢
49. $3.10 = _____ ¢
50. $7.75 = _____ ¢

Do this **division** sharing problem. Share 17 marbles among Jim, Bruce and Alison.

How many does each get and how many are left over?

Each child gets _____ marbles.

There are _____ marbles left over.

My score: _____   My time: _____ min _____ s

The main thing I didn't understand was _____.

I now know that _____

_____.

1. 4 lots of 4 = _____
2. 1 lot of 4 = _____
3. 2 lots of 4 = _____
4. 5 lots of 2 = _____
5. 5 lots of 4 = _____
6. 0 lots of 2 = _____
7. 2 lots of 10 = _____
8. 4 lots of 2 = _____
9. 5 lots of 10 = _____
10. 7 lots of 10 = _____
11. 0 lots of 10 = _____
12. 7 lots of 2 = _____
13. 7 lots of 4 = _____
14. 4 lots of 9 = _____
15. 1 lot of 2 = _____
16. 3 lots of 2 = _____
17. 3 lots of 4 = _____

18. 8 lots of 2 = _____
19. 8 lots of 4 = _____
20. 10 lots of 10 = _____
21. 3 lots of 10 = _____
22. 9 lots of 4 = _____
23. 9 lots of 10 = _____
24. 8 lots of 10 = _____
25. 9 lots of 2 = _____
26. 4 lots of 8 = _____
27. 1 lot of 10 = _____
28. 4 lots of 10 = _____
29. 2 lots of 8 = _____
30. 2 lots of 9 = _____
31. 0 lots of 4 = _____
32. 6 lots of 10 = _____
33. 6 lots of 2 = _____
34. 2 lots of 2 = _____

35. 6 lots of 4 = _____
36. Half of 100 = _____
37. Half of 600 = _____
38. Half of 400 = _____
39. Half of 800 = _____
40. Half of 200 = _____

Change these centimeters...

41. 132 cm = ___ m ___ cm
42. 184 cm = ___ m ___ cm
43. 256 cm = ___ m ___ cm
44. 192 cm = ___ m ___ cm
45. 222 cm = ___ m ___ cm
46. 199 cm = ___ m ___ cm
47. 358 cm = ___ m ___ cm
48. 212 cm = ___ m ___ cm
49. 527 cm = ___ m ___ cm
50. 603 cm = ___ m ___ cm

Do this **division** sharing problem.

Bruce wants to share 23 plums among 5 friends.

How many plums does each friend get and how many are left over for Bruce?   _____ r _____

My score: _____   My time: _____ min _____ s

The main thing I didn't understand was _____.

I now know that _____

_____.

1. 4 x 10 = ____	26. 10 ÷ 10 = ____	51. 100 – 3 = ____	76. 46 + 8 = ____
2. 2 x 10 = ____	27. 40 ÷ 10 = ____	52. 100 – 5 = ____	77. 96 + 8 = ____
3. 10 x 7 = ____	28. 70 ÷ 10 = ____	53. 100 – 2 = ____	78. 26 + 8 = ____
4. 10 x 9 = ____	29. 20 ÷ 10 = ____	54. 100 – 0 = ____	79. 86 + 8 = ____
5. 11 x 10 = ____	30. 100 ÷ 10 = ____	55. 100 – 9 = ____	80. 56 + 8 = ____
6. 10 x 0 = ____	31. 8 x 10 = ____	56. 100 – 8 = ____	81. 4 x 10¢ = ____
7. 3 x 10 = ____	32. 10 x 11 = ____	57. 100 – 4 = ____	82. 1 x 10¢ = ____
8. 6 x 10 = ____	33. 2 x 10 = ____	58. 100 – 7 = ____	83. 6 x 10¢ = ____
9. 10 x 4 = ____	34. 12 x 10 = ____	59. 100 – 6 = ____	84. 2 x 10¢ = ____
10. 7 x 10 = ____	35. 10 x 5 = ____	60. 100 – 1 = ____	85. 5 x 10¢ = ____
11. 10 x 1 = ____	36. 10 x 8 = ____	61. 10 x ____ = 0	86. 8 x 10¢ = ____
12. 10 x 10 = ____	37. 9 x 10 = ____	62. 10 x ____ = 100	87. 7 x 10¢ = ____
13. 5 x 10 = ____	38. 10 x 2 = ____	63. 10 x ____ = 40	88. 9 x 10¢ = ____
14. 11 x 10 = ____	39. 10 x 12 = ____	64. 10 x ____ = 90	89. 10 x 10¢ = ____
15. 10 x 5 = ____	40. 6 x 10 = ____	65. 10 x ____ = 120	90. 3 x 10¢ = ____
16. 11 x 10 = ____	41. 10 x 70 = ____	66. 10 x ____ = 20	91. 99 + 67 = ____
17. 1 x 10 = ____	42. 10 x 23 = ____	67. 10 x ____ = 60	92. 99 + 52 = ____
18. 10 x 10 = ____	43. 10 x 67 = ____	68. 10 x ____ = 110	93. 99 + 83 = ____
19. 5 x 10 = ____	44. 10 x 15 = ____	69. 10 x ____ = 80	94. 99 + 70 = ____
20. 12 x 10 = ____	45. 10 x 47 = ____	70. 10 x ____ = 10	95. 99 +13 = ____
21. 90 ÷ 10 = ____	46. 10 x 88 = ____	71. 6 + 8 = ____	96. 7 x 20 = ____
22. 50 ÷ 10 = ____	47. 10 x 26 = ____	72. 66 + 8 = ____	97. 8 x 20 = ____
23. 80 ÷ 10 = ____	48. 10 x 58 = ____	73. 36 + 8 = ____	98. 4 x 20 = ____
24. 30 ÷ 10 = ____	49. 10 x 93 = ____	74. 76 + 8 = ____	99. 6 x 20 = ____
25. 60 ÷ 10 = ____	50. 10 x 39 = ____	75. 16 + 8 = ____	100. 9 x 20 = ____

My score: _____ My time: _____ min _____ s

The main thing I didn't understand was _____.

I now know that _____

_____.

0 x 5 = 0	5 x 0 = 0	0 ÷ 5 = 0	5 ÷ 1 = 5
1 x 5 = 5	5 x 1 = 5	5 ÷ 5 = 1	10 ÷ 2 = 5
2 x 5 = 10	5 x 2 = 10	10 ÷ 5 = 2	15 ÷ 3 = 5
3 x 5 = 15	5 x 3 = 15	15 ÷ 5 = 3	20 ÷ 4 = 5
4 x 5 = 20	5 x 4 = 20	20 ÷ 5 = 4	25 ÷ 5 = 5
5 x 5 = 25	5 x 5 = 25	25 ÷ 5 = 5	30 ÷ 6 = 5
6 x 5 = 30	5 x 6 = 30	30 ÷ 5 = 6	35 ÷ 7 = 5
7 x 5 = 35	5 x 7 = 35	35 ÷ 5 = 7	40 ÷ 8 = 5
8 x 5 = 40	5 x 8 = 40	40 ÷ 5 = 8	45 ÷ 9 = 5
9 x 5 = 45	5 x 9 = 45	45 ÷ 5 = 9	50 ÷ 10 = 5
10 x 5 = 50	5 x 10 = 50	50 ÷ 5 = 10	55 ÷ 11 = 5
11 x 5 = 55	5 x 11 = 55	55 ÷ 5 = 11	60 ÷ 12 = 5
12 x 5 = 60	5 x 12 = 60	60 ÷ 5 = 12	

16	4	20	25	30	35	60	45	40	55
21	7	15	21	29	44	46	49	47	10
17	6	10	22	21	15	25	30	46	15
6	1	5	23	32	5	47	35	45	20
12	8	35	24	33	10	48	40	44	25
22	9	30	26			2	45	43	30
11	11	25	27			8	50	42	35
13	2	20	28			13	10	41	40
9	12	15	6	37	42	21	15	48	45
24	16	55	40	35	30	25	20	39	50
14	13	17	4	38	43	9	4	76	45
8	3	18	19	39	3	12	19	72	40
23	14	34	36	41	11	18	23	83	35

5 x 5 ?

Alison is having problems with her five times tables. She is going to visit the times tables fairy who will show her just how easy they really are.

Inside the fairy's house is a maze that leads right to the learning room.

The maze is easy to get through, all you have to do is follow the trail of five times tables answers. Color the squares with five times answers to help poor Alison out. You can only travel up, down and across, not diagonally.

Someone rubbed out the wise words of the 5x tables fairy.

Can you fill in the blanks?

Notice that all 5x answers end in either _____ or _____.

1. 5 lots of 0 = _____

2. 5 lots of 1 = _____

3. 5 lots of 2 = _____

4. 5 lots of 3 = _____

5. 5 lots of 4 = _____

6. 5 lots of 5 = _____

7. 5 lots of 6 = _____

8. 5 lots of 7 = _____

9. 5 lots of 8 = _____

10. 5 lots of 9 = _____

11. 5 lots of 10 = _____

12. 5 lots of 11 = _____

13. 5 lots of 12 = _____

14. 12 lots of 5 = _____

15. 11 lots of 5 = _____

16. 10 lots of 5 = _____

17. 9 lots of 5 = _____

18. 8 lots of 5 = _____

19. 7 lots of 5 = _____

20. 6 lots of 5 = _____

21. 5 lots of 5 = _____

22. 4 lots of 5 = _____

23. 3 lots of 5 = _____

24. 2 lots of 5 = _____

25. 1 lot of 5 = _____

26. 4 x 5 = _____

27. 5 x 7 = _____

28. 5 x 5 = _____

29. 5 x 10 = _____

30. 0 x 5 = _____

31. _____ x 5 = 15

32. _____ x 5 = 35

33. _____ x 5 = 10

34. _____ x 5 = 45

35. _____ x 5 = 30

36. _____ x 5 = 5

37. _____ x 5 = 20

38. _____ x 5 = 40

39. _____ x 5 = 50

40. _____ x 5 = 25

41. 10 x 36 = _____

42. 10 x 62 = _____

43. 10 x 45 = _____

44. 10 x 78 = _____

45. 10 x 59 = _____

46. 10 x 96 = _____

47. 10 x 90 = _____

48. 10 x 23 = _____

49. 10 x 81 = _____

50. 10 x 17 = _____

Quin in front of a word often has something to do with "five."

These babies are quintuplets.

Their mother and father would be very good at five times tables after buying five lots of things for them.

My score: _____ My time: _____ min _____ s

The main thing I didn't understand was _____.

I now know that _____
_____.

1. 11 groups of 5 = 55
2. 4 groups of 5 = 20
3. 5 groups of 7 = 35
4. 8 groups of 5 = 40
5. 5 groups of 9 = 45
6. 5 groups of 2 = 10
7. 5 groups of 6 = 30
8. 10 groups of 5 = 50
9. 5 groups of 8 = 40
10. 3 groups of 5 = 15
11. 5 groups of 9 = 45
12. 6 groups of 5 = 30
13. 8 groups of 5 = 40
14. 9 groups of 5 = 45
15. 5 groups of 4 = 20
16. 5 groups of 0 = 0
17. 5 groups of 8 = 40

18. 5 groups of 1 = 5
19. 5 groups of 10 = 50
20. 6 groups of 5 = 30
21. 7 groups of 5 = 35
22. 12 groups of 5 = 60
23. 5 groups of 8 = 40
24. 6 groups of 5 = 30
25. 5 groups of 12 = 60
26. 5 groups of 5 = 25
27. 7 groups of 5 = 35
28. 5 groups of 3 = 15
29. 5 groups of 5 = 25
30. 0 groups of 5 = 0
31. 5 groups of 30 = 150
32. 5 groups of 70 = 350
33. 5 groups of 40 = 200
34. 5 groups of 10 = 50

35. 5 groups of 50 = 250
36. 5 groups of 100 = 500
37. 5 groups of 60 = 300
38. 5 groups of 80 = 400
39. 5 groups of 20 = 100
40. 5 groups of 90 = 450
41. 50 ÷ 5 = 10
42. 25 ÷ 5 = 5
43. 55 ÷ 5 = 11
44. 45 ÷ 5 = 9
45. 20 ÷ 5 = 4
46. 40 ÷ 5 = 8
47. 15 ÷ 5 = 3
48. 35 ÷ 5 = 7
49. 10 ÷ 5 = 2
50. 30 ÷ 5 = 6

These **quin** words have something to do with 5.
Find out what.
Draw an arrow joining the
correct word to its picture.

quintuplets

quintet

quincunx

My score: _____   My time: _____ min _____ s

The main thing I didn't understand was _____.

I now know that _____
_____.

1. 5 x 5 = 25
2. 5 x 2 = 10
3. 8 x 5 = 40
4. 0 x 5 = 0
5. 6 x 5 = 30
6. 11 x 5 = 55
7. 5 x 3 = 15
8. 12 x 5 = 60
9. 5 x 10 = 50
10. 3 x 5 = 15
11. 10 x 5 = 56
12. 5 x 4 = 20
13. 4 x 5 = 20
14. 5 x 6 = 38
15. 5 x 8 = 40
16. 8 x 5 = 40
17. 5 x 9 = 45

18. 9 x 5 = 45
19. 5 x 7 = 35
20. 7 x 5 = 35
21. 5 lots of 2 = _____
22. 1 lot of 2 = _____
23. 9 lots of 2 = _____
24. 2 lots of 2 = _____
25. 6 lots of 2 = _____
26. 8 lots of 2 = _____
27. 4 lots of 2 = _____
28. 10 lots of 2 = _____
29. 7 lots of 2 = _____
30. 3 lots of 2 = _____
31. 300 + 40 + 8 = _____
32. 500 + 60 + 2 = _____
33. 800 + 50 + 9 = _____
34. 200 + 10 + 4 = _____

35. 700 + 90 + 1 = _____
36. 400 + 20 + 7 = _____
37. 500 + 60 + 2 = _____
38. 600 + 80 + 5 = _____
39. 900 + 70 + 3 = _____
40. 100 + 30 + 6 = _____
41. 16 minus 8 = _____
42. 12 minus 5 = _____
43. 15 minus 7 = _____
44. 11 minus 6 = _____
45. 15 minus 8 = _____
46. 14 minus 8 = _____
47. 10 minus 7 = _____
48. 17 minus 9 = _____
49. 13 minus 4 = _____
50. 12 minus 3 = _____

Penta at the beginning of a word often has something to do with five.
A pentagon has five sides.

Are you a pentadactyl? _____

Find out what the word means before writing your answer.

My score: _____ My time: _____ min _____ s

The main thing I didn't understand was _____.

I now know that _____

_____.

1. 12 bundles of 5 = _____
2. 5 bundles of 4 = _____
3. 5 bundles of 10 = _____
4. 5 bundles of 7 = _____
5. 5 bundles of 11 = _____
6. 5 bundles of 5 = _____
7. 5 bundles of 8 = _____
8. 5 bundles of 2 = _____
9. 5 bundles of 6 = _____
10. 5 bundles of 9 = _____
11. 5 bundles of 3 = _____
12. 1 bundle of 5 = _____
13. 6 bundles of 5 = _____
14. 2 bundles of 5 = _____
15. 5 bundles of 0 = _____
16. 5 bundles of 5 = _____
17. 3 bundles of 5 = _____

18. 7 bundles of 5 = _____
19. 9 bundles of 5 = _____
20. 4 bundles of 5 = _____
21. 10 bundles of 5 = _____
22. 8 bundles of 5 = _____
23. 2 bundles of 1 = _____
24. 12 bundles of 2 = _____
25. 2 bundles of 3 = _____
26. 2 bundles of 5 = _____
27. 2 bundles of 9 = _____
28. 2 bundles of 8 = _____
29. 2 bundles of 6 = _____
30. 2 bundles of 7 = _____
31. 4 bundles of 0 = _____
32. 4 bundles of 7 = _____
33. 4 bundles of 3 = _____
34. 4 bundles of 8 = _____

35. 4 bundles of 4 = _____
36. 4 bundles of 9 = _____
37. 4 bundles of 5 = _____
38. 4 bundles of 12 = _____
39. 4 bundles of 6 = _____
40. 4 bundles of 10 = _____
41. 10 lots of 5 = _____
42. 10 lots of 6 = _____
43. 10 lots of 12 = _____
44. 10 lots of 7 = _____
45. 10 lots of 10 = _____
46. 10 lots of 1 = _____
47. 10 lots of 4 = _____
48. 10 lots of 9 = _____
49. 10 lots of 8 = _____
50. 10 lots of 3 = _____

Decorate
the fives.

My score: _____ My time: _____ min _____ s

The main thing I didn't understand was _____.

I now know that _____

_____.

1. 4 x 5 = _____	26. 10 + 5 = _____	51. 3 x 50 = _____	76. 5 x 10 = _____
2. 10 x 5 = _____	27. 500 + 5 = _____	52. 5 x 50 = _____	77. 11 x 5 = _____
3. 6 x 5 = _____	28. 500 + 50 = _____	53. 8 x 50 = _____	78. 6 x 5 = _____
4. 5 x 5 = _____	29. 200 + 5 = _____	54. 2 x 50 = _____	79. 5 x 6 = _____
5. 7 x 5 = _____	30. 100 + 5 = _____	55. 6 x 50 = _____	80. 5 x 7 = _____
6. 9 x 5 = _____	31. 12 x 5 = _____	56. 9 x 50 = _____	81. 50 x 7 = _____
7. 6 x 5 = _____	32. 5 x 9 = _____	57. 0 x 50 = _____	82. 50 x 8 = _____
8. 8 x 5 = _____	33. 5 x 11 = _____	58. 7 x 50 = _____	83. 50 x 5 = _____
9. 0 x 5 = _____	34. 5 x 6 = _____	59. 10 x 50 = _____	84. 50 x 7 = _____
10. 9 x 5 = _____	35. 5 x 8 = _____	60. 4 x 50 = _____	85. 50 x 9 = _____
11. 6 x 5 = _____	36. 5 x 7 = _____	61. 5 x 2 = _____	86. 50 x 3 = _____
12. 11 x 5 = _____	37. 5 x 12 = _____	62. 5 x 4 = _____	87. 50 x 10 = _____
13. 7 x 5 = _____	38. 5 x 0 = _____	63. 5 x 3 = _____	88. 50 x 6 = _____
14. 8 x 5 = _____	39. 5 x 10 = _____	64. 9 x 5 = _____	89. 50 x 4 = _____
15. 12 x 5 = _____	40. 5 x 5 = _____	65. 5 x 9 = _____	90. 50 x 9 = _____
16. 10 x 5 = _____	41. 5 x 4 = _____	66. 7 x 5 = _____	91. 10 – 5 = _____
17. 8 x 5 = _____	42. 5 x 9 = _____	67. 5 x 12 = _____	92. 20 – 5 = _____
18. 9 x 5 = _____	43. 5 x 1 = _____	68. 3 x 5 = _____	93. 30 – 5 = _____
19. 7 x 5 = _____	44. 5 x 5 = _____	69. 4 x 5 = _____	94. 40 – 5 = _____
20. 3 x 5 = _____	45. 5 x 7 = _____	70. 5 x 5 = _____	95. 50 – 5 = _____
21. 5 + 5 = _____	46. 5 x 8 = _____	71. 5 x 9 = _____	96. 60 – 5 = _____
22. 5 x 2 = _____	47. 5 x 12 = _____	72. 6 x 5 = _____	97. 70 – 5 = _____
23. 5 x 3 = _____	48. 5 x 6 = _____	73. 8 x 5 = _____	98. 80 – 5 = _____
24. 50 + 5 = _____	49. 5 x 8 = _____	74. 5 x 8 = _____	99. 90 – 5 = _____
25. 5 x 50 = _____	50. 5 x 4 = _____	75. 7 x 5 = _____	100. 100 – 5 = _____

My score: _____　　My time: _____ min _____ s

The main thing I didn't understand was _____.

I now know that _____

_____.

1. 2 lots of 3 = _____
2. 2 lots of 8 = _____
3. 2 lots of 1 = _____
4. 2 lots of 7 = _____
5. 2 lots of 6 = _____
6. 2 lots of 9 = _____
7. 2 lots of 10 = _____
8. 2 lots of 4 = _____
9. 2 lots of 5 = _____
10. 2 lots of 0 = _____
11. 6 lots of 5 = _____
12. 0 lots of 5 = _____
13. 8 lots of 5 = _____
14. 11 lots of 5 = _____
15. 9 lots of 5 = _____
16. 4 lots of 5 = _____
17. 5 lots of 5 = _____

18. 7 lots of 5 = _____
19. 3 lots of 5 = _____
20. 5 lots of 2 = _____
21. 12 lots of 2 = _____
22. 10 lots of 8 = _____
23. 2 lots of 7 = _____
24. 2 lots of 3 = _____
25. 5 lots of 9 = _____
26. 10 lots of 9 = _____
27. 12 lots of 4 = _____
28. 10 lots of 10 = _____
29. 5 lots of 5 = _____
30. 2 lots of 8 = _____
31. 9 lots of 5 = _____
32. 10 lots of 4 = _____
33. 6 lots of 5 = _____
34. 2 lots of 6 = _____

35. 7 lots of 5 = _____
36. 10 lots of 7 = _____
37. 8 lots of 5 = _____
38. 10 lots of 3 = _____
39. 9 lots of 5 = _____
40. 9 lots of 2 = _____
41. $(3 \times 10) + 2 =$ _____
42. $(5 \times 10) + 4 =$ _____
43. $(6 \times 10) + 7 =$ _____
44. $(9 \times 10) + 3 =$ _____
45. $(8 \times 10) + 1 =$ _____
46. $(4 \times 10) + 5 =$ _____
47. $(9 \times 10) + 2 =$ _____
48. $(2 \times 10) + 6 =$ _____
49. $(1 \times 10) + 3 =$ _____
50. $(7 \times 10) + 9 =$ _____

Draw a number picture like the one below.

```
        5
       55        5
      555       55
     5555      555
    55555     5555
   555555    55555
  5555555555555555
 5555555555555555
  555555555555555
   5555555555
```

My score: _____ My time: _____ min _____ s

The main thing I didn't understand was _____.

I now know that _____

_____.

1. 2 rats at $7 = _____
2. 2 fleas at $5 = _____
3. 2 flies at $12 = _____
4. 2 pens at $4 = _____
5. 2 bells at $9 = _____
6. 2 books at $10 = _____
7. 2 toads at $2 = _____
8. 2 toys at $3 = _____
9. 2 shirts at $6 = _____
10. 2 CDs at $20 = _____
11. 0 x 5 = _____
12. 6 x 5 = _____
13. 8 x 5 = _____
14. 3 x 5 = _____
15. 5 x 5 = _____
16. 9 x 5 = _____
17. 7 x 5 = _____
18. 10 x 5 = _____
19. 1 x 5 = _____
20. 5 x 8 = _____
21. 4 x 5 = _____
22. 12 x 5 = _____
23. 5 x 9 = _____
24. 5 x 6 = _____
25. 5 x 5 = _____

26. 5 x 8 = _____
27. 8 x 5 = _____
28. 5 x 7 = _____
29. 5 x 3 = _____
30. 7 x 5 = _____
31. 10 x 11 = _____
32. 2 x 7 = _____
33. 10 x 4 = _____
34. 2 x 6 = _____
35. 2 x 9 = _____
36. 10 x 9 = _____
37. 10 x 3 = _____
38. 10 x 6 = _____
39. 10 x 8 = _____
40. 10 x 10 = _____
41. $100 – $1 = _____
42. $100 – $5 = _____
43. $100 – $8 = _____
44. $100 – $6 = _____
45. $100 – $2 = _____
46. $100 – $7 = _____
47. $100 – $3 = _____
48. $100 – $10 = _____
49. $100 – $9 = _____
50. $100 – $4 = _____

Color the squares with even numbers to help Roger Rodent find the disgustingly smelly cheese.

1	7	9	11	8	7
3	3	5	13	12	9
5	4	6	8	20	11
9	10	3	7	11	13
7	8	5	9	13	15
11	4	6	2	4	7
9	7	15	13	16	9
3	8	10	12	14	11
5	6	5	3	1	7
14	4	5	1	11	9
12	9	7	3	11	1
22	20	4	21	3	17
5	7	2	3	5	7
3	9	4	8	6	9
7	11	13	15	4	17
7	5	25	23	10	21
5	6	4	14	8	19
9	8	11	3	15	17
7	4	5	1	11	13
1	2	3	5	7	9

My score: _____ My time: _____ min _____ s

 I'm happy   I'm not happy

The main thing I didn't understand was _____.

 OOPS!   I didn't understand

I now know that _____
_____.

1. 10 rows of 4 = _____
2. 5 rows of 5 = _____
3. 4 rows of 5 = _____
4. 10 rows of 9 = _____
5. 4 rows of 4 = _____
6. 5 rows of 4 = _____
7. 2 rows of 9 = _____
8. 10 rows of 3 = _____
9. 4 rows of 9 = _____
10. 12 rows of 5 = _____
11. 2 rows of 6 = _____
12. 4 rows of 6 = _____
13. 5 rows of 9 = _____
14. 2 rows of 3 = _____
15. 9 rows of 5 = _____
16. 10 rows of 10 = _____
17. 4 rows of 7 = _____
18. 4 rows of 3 = _____
19. 5 rows of 8 = _____
20. 9 rows of 2 = _____
21. 9 rows of 4 = _____
22. 5 rows of 3 = _____
23. 9 rows of 10 = _____
24. 2 rows of 8 = _____
25. 4 rows of 8 = _____

26. 12 rows of 4 = _____
27. 10 rows of 6 = _____
28. 5 rows of 6 = _____
29. 10 rows of 5 = _____
30. 10 rows of 8 = _____
31. 17 plus 3 = _____
32. 14 plus 5 = _____
33. 13 plus 4 = _____
34. 8 plus 7 = _____
35. 15 plus 3 = _____
36. 12 plus 6 = _____
37. 18 plus 2 = _____
38. 11 plus 7 = _____
39. 10 plus 4 = _____
40. 16 plus 3 = _____
41. Value of 7 in 275 _____
42. 8 in 896 = _____
43. 6 in 126 = _____
44. 3 in 365 = _____
45. 1 in 315 = _____
46. 4 in 142 = _____
47. 5 in 502 = _____
48. 4 in 452 = _____
49. 9 in 479 = _____
50. 7 in 971 = _____

Roger Rodent feels sick after eating the cheese. Color squares with odd numbers to help him find the doctor's office. Hurry!

40	53	42	44	46	48
38	51	49	47	45	43
36	56	54	52	50	41
34	58	60	35	37	39
32	64	62	33	2	4
30	2	29	31	8	6
28	4	27	14	12	10
26	6	25	23	21	19
24	8	20	6	8	17
22	10	2	4	10	15
20	12	14	16	18	13
18	12	14	16	18	11
16	14	10	12	7	9
14	16	6	8	5	4
12	18	2	4	3	2
10	8	6	4	1	2

My score: _____ My time: _____ min _____ s

The main thing I didn't understand was _____.

I now know that _____

_____.

1. 10 horses = _____ legs
2. 10 birds = _____ wings
3. 10 girls = _____ toes
4. 10 spiders = _____ legs
5. 10 boys = _____ eyes
6. 10 weeks = _____ days
7. 10 insects = _____ legs
8. 10 chefs = _____ hats
9. 10 dogs = _____ tails
10. 10 cars = _____ wheels
11. 4 x 3 = _____
12. 4 x 9 = _____
13. 4 x 6 = _____
14. 4 x 10 = _____
15. 4 x 4 = _____
16. 4 x 8 = _____
17. 4 x 12 = _____

18. 4 x 5 = _____
19. 4 x 7 = _____
20. 4 x 0 = _____
21. 0 x 2 = _____
22. 5 x 12 = _____
23. 6 x 2 = _____
24. 9 x 2 = _____
25. 7 x 2 = _____
26. 3 x 2 = _____
27. 4 x 2 = _____
28. 8 x 2 = _____
29. 12 x 2 = _____
30. 1 x 2 = _____
31. 5 x 3 = _____
32. 5 x 6 = _____
33. 5 x 7 = _____
34. 5 x 2 = _____

35. 5 x 5 = _____
36. 5 x 8 = _____
37. 9 x 5 = _____
38. 8 x 5 = _____
39. 5 x 9 = _____
40. 5 x 4 = _____
41. 16 − _____ = 8
42. 15 − _____ = 7
43. 12 − _____ = 2
44. 15 − _____ = 8
45. 11 − _____ = 3
46. 14 − _____ = 9
47. 13 − _____ = 7
48. 10 − _____ = 5
49. 13 − _____ = 6
50. 14 − _____ = 7

Poor Roger Rodent has to go to the hospital. Count how far the ambulance has to take him by counting the kilometers on the road sections.

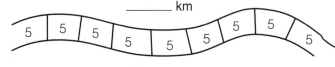

_____ km

My score: _____ My time: _____ min _____ s

The main thing I didn't understand was _____.

I now know that _____

_____.

0 x 3 = 0	3 x 0 = 0	0 ÷ 3 = 0	3 ÷ 1 = 3
1 x 3 = 3	3 x 1 = 3	3 ÷ 3 = 1	6 ÷ 2 = 3
2 x 3 = 6	3 x 2 = 6	6 ÷ 3 = 2	9 ÷ 3 = 3
3 x 3 = 9	3 x 3 = 9	9 ÷ 3 = 3	12 ÷ 4 = 3
4 x 3 = 12	3 x 4 = 12	12 ÷ 3 = 4	15 ÷ 5 = 3
5 x 3 = 15	3 x 5 = 15	15 ÷ 3 = 5	18 ÷ 6 = 3
6 x 3 = 18	3 x 6 = 18	18 ÷ 3 = 6	21 ÷ 7 = 3
7 x 3 = 21	3 x 7 = 21	21 ÷ 3 = 7	24 ÷ 8 = 3
8 x 3 = 24	3 x 8 = 24	24 ÷ 3 = 8	27 ÷ 9 = 3
9 x 3 = 27	3 x 9 = 27	27 ÷ 3 = 9	30 ÷ 10 = 3
10 x 3 = 30	3 x 10= 30	30 ÷ 3 = 10	33 ÷ 11 = 3
11 x 3 = 33	3 x 11= 33	33 ÷ 3 = 11	36 ÷ 12 = 3
12 x 3 = 36	3 x 12= 36	36 ÷ 3 = 12	

1	2	8	17	16	8	20	19	20	23
7	4	20	6	36	9	27	24	21	7
28	29	9	12	7	22	19	20	15	17
7	24	15	5	14	19	8	30	12	8
20	18	8	7	13	20	11	6	8	19
11	21	10	11			7	36	33	30
26	9	17	2			17	19	2	27
19	3	6	7			8	2	21	24
2	20	12	8	7	33	19	11	18	11
7	28	15	9	2	6	9	12	15	17
11	7	11	12	28	26	11	19	11	2
20	28	2	15	21	18	9	6	15	19
25	26	8	28	26	20	13	17	24	8

Bruce bought an old map at a second-hand store. The map explains that the treasure of Captain Bluerinsebeard, the fierce pirate, can be found by following a trail of three times tables answers.

Color the path to make it easy for Bruce to follow. You can only travel up, down and across, not diagonally.

Roger Rodent no longer eats cheese.
The code tells you his new favorite food.

A	B	C	D	E	F	G	H	I	J	K	L	M	N	O	P	Q
1	10	9	8	2	3	11	12	13	7	14	15	16	17	18	4	5

R	S	T	U	V	W	X	Y	Z
19	6	20	21	22	23	24	25	26

11	1	19	15	13	9	

My score: _____ My time: _____ min _____ s

The main thing I didn't understand was _____.

I now know that _____

_____.

1. 0 bundles of 3 = _____
2. 1 bundle of 3 = _____
3. 2 bundles of 3 = _____
4. 3 bundles on 3 = _____
5. 4 bundles of 3 = _____
6. 5 bundles of 3 = _____
7. 6 bundles of 3 = _____
8. 7 bundles of 3 = _____
9. 8 bundles of 3 = _____
10. 9 bundles of 3 = _____
11. 10 bundles of 3 = _____
12. 11 bundles of 3 = _____
13. 12 bundles of 3 = _____
14. 3 bundles of 0 = _____
15. 3 bundles of 1 = _____
16. 3 bundles of 2 = _____
17. 3 bundles of 3 = _____

18. 3 bundles of 4 = _____
19. 3 bundles of 5 = _____
20. 3 bundles of 6 = _____
21. 3 bundles of 7 = _____
22. 3 bundles of 8 = _____
23. 3 bundles of 9 = _____
24. 3 bundles of 10 = _____
25. 3 bundles of 11 = _____
26. 3 bundles of 12 = _____
27. 3 bundles of 20 = _____
28. 3 bundles of 30 = _____
29. 3 bundles of 40 = _____
30. 3 bundles of 50 = _____
31. 3 bundles of 60 = _____
32. 3 bundles of 70 = _____
33. 3 bundles of 80 = _____
34. 3 bundles of 90 = _____

35. 3 bundles of 100 = _____
36. 3 bundles of 110 = _____
37. 3 bundles of 120 = _____
38. 2 bundles of 30 = _____
39. 3 bundles of 30 = _____
40. 4 bundles of 30 = _____
41. 5 bundles of 30 = _____
42. 6 bundles of 30 = _____
43. 7 bundles of 30 = _____
44. 8 bundles of 30 = _____
45. 9 bundles of 30 = _____
46. 10 bundles of 30 = _____
47. 11 bundles of 30 = _____
48. 12 bundles of 30 = _____
49. 3 dozen = _____
50. 3 score = _____

Roger Rodent recovered speedily in the hospital.
He went to this jumbled country for a vacation.

H L D N O A L _____

My score: _____ My time: _____ min _____ s

The main thing I didn't understand was _____.

I now know that _____

_____.

1. 3 times 3 = _____
2. 10 times 3 = _____
3. 3 times 0 = _____
4. 3 times 10 = _____
5. 9 times 3 = _____
6. 6 times 3 = _____
7. 3 times 9 = _____
8. 3 times 3 = _____
9. 3 times 6 = _____
10. 7 times 3 = _____
11. 4 times 3 = _____
12. 6 times 3 = _____
13. 8 times 3 = _____
14. 3 times 7 = _____
15. 3 times 8 = _____
16. 6 times 3 = _____
17. 3 times 7 = _____

18. 3 times 1 = _____
19. 8 times 3 = _____
20. 0 times 3 = _____
21. 12 times 3 = _____
22. 7 times 3 = _____
23. 3 times 9 = _____
24. 9 times 3 = _____
25. 2 times 3 = _____
26. 3 times 4 = _____
27. 9 times 3 = _____
28. 3 times 3 = _____
29. 8 times 3 = _____
30. 4 times 3 = _____
31. 3 times 2 = _____
32. 10 times 3 = _____
33. 11 times 3 = _____
34. 5 times 3 = _____

35. 7 times 3 = _____
36. 8 times 3 = _____
37. 3 times 12 = _____
38. 5 times 3 = _____
39. 3 times 5 = _____
40. 0 times 3 = _____
41. 3 x _____ = 36
42. 3 x _____ = 15
43. 3 x _____ = 27
44. 3 x _____ = 9
45. 3 x _____ = 18
46. 3 x _____ = 24
47. 3 x _____ = 30
48. 3 x _____ = 12
49. 3 x _____ = 21
50. 3 x _____ = 3

A **fraction** is a part of a whole. The bottom number in a fraction tells the number of equal sized parts something is broken into. The top number tells us the parts we are considering.
For example,

1. What fraction of Jim's cake has spotty icing? $\frac{3}{4}$

2. What fraction has no spotty icing?   _____

My score: _____ My time: _____ min _____ s

The main thing I didn't understand was _____.

I now know that _____
_____.

1.   3 times 5 = _____

2.   3 times 9 = _____

3.   3 times 10 = _____

4.   3 times 8 = _____

5.   3 times 12 = _____

6.   3 times 0 = _____

7.   3 times 3 = _____

8.   3 times 4 = _____

9.   3 times 7 = _____

10. 3 times 6 = _____

11. 3 x 2 = _____

12. 3 x 4 = _____

13. 3 x 5 = _____

14. 3 x 10 = _____

15. 3 x 1 = _____

16. 1 x 3 = _____

17. 4 x 3 = _____

18. 2 x 3 = _____

19. 5 x 3 = _____

20. 10 x 3 = _____

21. 7 x 3 = _____

22. 9 x 3 = _____

23. 6 x 3 = _____

24. 10 x 3 = _____

25. 8 x 3 = _____

26. 3 x 8 = _____

27. 3 x 10 = _____

28. 3 x 7 = _____

29. 3 x 9 = _____

30. 3 x 6 = _____

31. 30 ÷ 3 = _____

32. 15 ÷ 3 = _____

33. 27 ÷ 3 = _____

34. 6 ÷ 3 = _____

35. 12 ÷ 3 = _____

36. 24 ÷ 3 = _____

37. 9 ÷ 3 = _____

38. 33 ÷ 3 = _____

39. 21 ÷ 3 = _____

40. 18 ÷ 3 = _____

41. 3 x _____ = 9

42. 3 x _____ = 15

43. 3 x _____ = 24

44. 3 x _____ = 21

45. 3 x _____ = 33

46. 3 x _____ = 30

47. 3 x _____ = 6

48. 3 x _____ = 12

49. 3 x _____ = 27

50. 3 x _____ = 18

What **fraction** of each cake has spotty icing?
(Remember we are considering spotty pieces –
the top number will be the number of these in
each cake.)

1.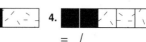
= 3/4

3.
= /

2.
= /

4.
= /

My score: _____   My time: _____ min _____ s   I'm happy   I'm not happy

The main thing I didn't understand was _____.

I now know that _____

_____.

OOPS!   I didn't understand

1. 11 + 11 + 11 = _____

2. 3 + 3 + 3 = _____

3. 1 + 1 + 1 = _____

4. 9 + 9 + 9 = _____

5. 12 + 12 + 12 = _____

6. 8 + 8 + 8 = _____

7. 6 + 6 + 6 = _____

8. 4 + 4 + 4 = _____

9. 7 + 7 + 7 = _____

10. 10 + 10 + 10 = _____

11. 2 + 2 + 2 = _____

12. 7 x 3 = _____

13. 6 x 3 = _____

14. 3 x 12 = _____

15. 2 x 3 = _____

16. 5 x 3 = _____

17. 9 x 3 = _____

18. 3 x 2 = _____

19. 3 x 9 = _____

20. 3 x 3 = _____

21. 3 x 8 = _____

22. 3 x 4 = _____

23. 9 x 3 = _____

24. 3 x 8 = _____

25. 4 x 3 = _____

26. 6 x 3 = _____

27. 10 x 3 = _____

28. 3 x 5 = _____

29. 0 x 3 = _____

30. 7 x 3 = _____

31. 2 x 30 = _____

32. 7 x 30 = _____

33. 9 x 30 = _____

34. 6 x 30 = _____

35. 3 x 30 = _____

36. 8 x 30 = _____

37. 10 x 30 = _____

38. 6 x 30 = _____

39. 5 x 30 = _____

40. 4 x 30 = _____

41. 36 ÷ 3 = _____

42. 27 ÷ 3 = _____

43. 18 ÷ 3 = _____

44. 12 ÷ 3 = _____

45. 6 ÷ 3 = _____

46. 21 ÷ 3 = _____

47. 15 ÷ 3 = _____

48. 30 ÷ 3 = _____

49. 9 ÷ 3 = _____

50. 24 ÷ 3 = _____

What **fraction** of each cake below has no icing? (Remember we are considering black pieces – the top number will be the number of these in each cake.)

1. = 1/4

2. = /

3.  = /

4.  = /

My score: _____ My time: _____ min _____ s

The main thing I didn't understand was _____.

I now know that _____

_____.

Reese Graham 11-4-10

1. 0 x 3 = 0
2. 10 x 3 = 30
3. 1 x 3 = 3
4. 8 x 3 = 24
5. 2 x 3 = 6
6. 9 x 3 = 27
7. 3 x 3 = 9
8. 7 x 3 = 21
9. 4 x 3 = 12
10. 8 x 3 = 24
11. 5 x 3 = 15
12. 7 x 3 = 21
13. 6 x 3 = 18
14. 5 x 3 = 15
15. 7 x 3 = 21
16. 9 x 3 = 27
17. 8 x 3 = 24
18. 4 x 3 = 12
19. 9 x 3 = 27
20. 6 x 3 = 18
21. 3 x 3 = 9
22. 3 x 2 = 6
23. 3 x 4 = 12
24. 3 x 5 = 15
25. 3 x 6 = 18

26. 30 + 30 = 60
27. 30 x 2 = 60
28. 30 + 3 = 33
29. 300 + 30 = 330
30. 3 + 30 = 33
31. 36 ÷ 3 = 39
32. 27 ÷ 3 = 9
33. 15 ÷ 3 = 5
34. 9 ÷ 3 = 3
35. 30 ÷ 3 = 10
36. 12 ÷ 3 = 4
37. 21 ÷ 3 = 7
38. 18 ÷ 3 = 6
39. 24 ÷ 3 = 8
40. 33 ÷ 3 = 11
41. 3 x 9 = 27
42. 3 x 8 = 24
43. 3 x 2 = 6
44. 3 x 10 = 30
45. 3 x 9 = 27
46. 3 x 5 = 15
47. 3 x 9 = 27
48. 3 x 6 = 18
49. 3 x 8 = 24
50. 3 x 1 = 3

51. 2 x 30 = 60
52. 7 x 30 = 210
53. 8 x 30 = 240
54. 3 x 30 = 90
55. 9 x 30 = 270
56. 12 x 30 = 360
57. 4 x 30 = 120
58. 10 x 30 = 300
59. 5 x 30 = 150
60. 6 x 30 = 180
61. 3 x 0 = 0
62. 3 x 3 = 9
63. 4 x 3 = 12
64. 3 x 2 = 6
65. 3 x 4 = 12
66. 7 x 3 = 21
67. 12 x 3 = 27
68. 2 x 3 = 6
69. 3 x 5 = 15
70. 5 x 3 = 15
71. 0 x 3 = 0
72. 3 x 7 = 21
73. 9 x 3 = 27
74. 3 x 9 = 27
75. 1 x 3 = 3

76. 3 x 6 = 18
77. 3 x 8 = 24
78. 6 x 3 = 18
79. 8 x 3 = 24
80. 3 x 1 = 3
81. 30 x 3 = 90
82. 30 x 4 = 120
83. 30 x 2 = 60
84. 30 x 9 = 270
85. 30 x 5 = 150
86. 30 x 1 = 30
87. 30 x 6 = 180
88. 30 x 10 = 300
89. 30 x 7 = 210
90. 30 x 8 = 240
91. 100 – 2 = 98
92. 100 – 4 = 96
93. 100 – 3 = 97
94. 100 – 5 = 95
95. 100 – 6 = 94
96. 100 – 1 = 99
97. 100 – 8 = 92
98. 100 – 10 = 90
99. 100 – 7 = 93
100. 100 – 9 = 91

My score: _____　My time: _____ min _____ s

The main thing I didn't understand was _____.

I now know that _____

Multiplication and Division Tables – 9

0 x 9 = 0	9 x 0 = 0	0 ÷ 9 = 0	9 ÷ 1 = 9
1 x 9 = 9	9 x 1 = 9	9 ÷ 9 = 1	18 ÷ 2 = 9
2 x 9 = 18	9 x 2 = 18	18 ÷ 9 = 2	27 ÷ 3 = 9
3 x 9 = 27	9 x 3 = 27	27 ÷ 9 = 3	36 ÷ 4 = 9
4 x 9 = 36	9 x 4 = 36	36 ÷ 9 = 4	45 ÷ 5 = 9
5 x 9 = 45	9 x 5 = 45	45 ÷ 9 = 5	54 ÷ 6 = 9
6 x 9 = 54	9 x 6 = 54	54 ÷ 9 = 6	63 ÷ 7 = 9
7 x 9 = 63	9 x 7 = 63	63 ÷ 9 = 7	72 ÷ 8 = 9
8 x 9 = 72	9 x 8 = 72	72 ÷ 9 = 8	81 ÷ 9 = 9
9 x 9 = 81	9 x 9 = 81	81 ÷ 9 = 9	90 ÷ 10 = 9
10 x 9 = 90	9 x 10 = 90	90 ÷ 9 = 10	99 ÷ 11 = 9
11 x 9 = 99	9 x 11 = 99	99 ÷ 9 = 11	108 ÷ 12 = 9
12 x 9 = 108	9 x 12 = 108	108 ÷ 9 = 12	

1	83	84	77	75	73	54	63	72	15
82	80	79	78	76	74	45	61	81	16
72	81	90	108	18	27	36	60	90	17
63	2	3	69	67	65	62	59	99	19
54	85	86	70	68	66	64	58	18	20
45	87	88	71			56	57	27	12
36	27	18	99			55	108	36	13
4	44	46	48			53	54	21	14
5	43	47	49	50	51	52	63	28	24
42	36	27	18	9	108	81	72	25	26
41	45	40	39	38	37	35	29	23	22
11	54	63	72	108	18	27	36	45	54
8	7	6	10	33	32	31	30	34	81

Bruce is dressed to the nines. He is going to play the game nine pins. This game is now called ten pin bowling as an extra pin has been added. He would rather play the old game because there aren't as many pins to knock down and because he loves nine times tables.

He has even drawn a path of nine times tables answers to get to the bowling alley.
Color all the squares that are nine times tables answers and you will see the route he takes. You can only travel up, down and across, not diagonally.

My score: _____ My time: _____ min _____ s

The main thing I didn't understand was _____.

I now know that _____

1. 0 x 9 = _____

2. 1 x 9 = _____

3. 2 x 9 = _____

4. 3 x 9 = _____

5. 4 x 9 = _____

6. 5 x 9 = _____

7. 6 x 9 = _____

8. 7 x 9 = _____

9. 8 x 9 = _____

10. 9 x 9 = _____

11. 10 x 9 = _____

12. 11 x 9 = _____

13. 12 x 9 = _____

14. 9 x 0 = _____

15. 9 x 1 = _____

16. 9 x 2 = _____

17. 9 x 3 = _____

18. 9 x 4 = _____

19. 9 x 5 = _____

20. 9 x 6 = _____

21. 9 x 7 = _____

22. 9 x 8 = _____

23. 9 x 9 = _____

24. 9 x 10 = _____

25. 9 x 11 = _____

26. 9 x 12 = _____

27. 9 x 20 = _____

28. 9 x 30 = _____

29. 9 x 80 = _____

30. 9 x 90 = _____

31. 9 x 100 = _____

32. 9 ÷ 9 = _____

33. 27 ÷ 9 = _____

34. 108 ÷ 9 = _____

35. 36 ÷ 9 = _____

36. 54 ÷ 9 = _____

37. 45 ÷ 9 = _____

38. 72 ÷ 9 = _____

39. 63 ÷ 9 = _____

40. 81 ÷ 9 = _____

41. 9 x _____ = 45

42. 9 x _____ = 63

43. 9 x _____ = 72

44. 9 x _____ = 81

45. 9 x _____ = 54

46. 9 x _____ = 90

47. 9 x _____ = 36

48. 9 x _____ = 108

49. 9 x _____ = 27

50. 9 x _____ = 99

Add the digits for each nine times tables answer.   What did you notice?

_____   _____

_____   _____

_____   _____

My score: _____ My time: _____ min _____ s

The main thing I didn't understand was _____.

I now know that _____

_____.

1. 1 lot of 9 = _____
2. 7 lots of 9 = _____
3. 9 lots of 4 = _____
4. 9 lots of 9 = _____
5. 3 lots of 9 = _____
6. 8 lots of 9 = _____
7. 9 lots of 12 = _____
8. 9 lots of 7 = _____
9. 9 lots of 10 = _____
10. 9 lots of 8 = _____
11. 5 lots of 9 = _____
12. 7 lots of 9 = _____
13. 10 lots of 9 = _____
14. 9 lots of 8 = _____
15. 9 lots of 3 = _____
16. 9 lots of 0 = _____
17. 2 lots of 9 = _____

18. 9 lots of 5 = _____
19. 8 lots of 9 = _____
20. 9 lots of 6 = _____
21. 6 lots of 9 = _____
22. 7 lots of 9 = _____
23. 4 lots of 9 = _____
24. 5 lots of 9 = _____
25. 9 lots of 6 = _____
26. 9 lots of 9 = _____
27. 6 lots of 9 = _____
28. 9 lots of 9 = _____
29. 9 lots of 12 = _____
30. 0 lots of 9 = _____
31. $18 \div 9$ = _____
32. $63 \div 9$ = _____
33. $45 \div 9$ = _____
34. $90 \div 9$ = _____

35. $9 \div 9$ = _____
36. $36 \div 9$ = _____
37. $54 \div 9$ = _____
38. $72 \div 9$ = _____
39. $81 \div 9$ = _____
40. $27 \div 9$ = _____

Change these minutes...

41. 64 min = ____ h ____ min
42. 75 min = ____ h ____ min
43. 81 min = ____ h ____ min
44. 97 min = ____ h ____ min
45. 100 min = ____ h ____ min
46. 10^2 = _____
47. 10^3 = _____
48. 10^4 = _____
49. 10^5 = _____
50. 10^6 = _____

Fractions can be thought of as parts of a larger number.

For example, $^3/_4$ could be thought of as 3 things out of every group of 4.

$^3/_4$ =

$^3/_4$ of 12 could look like this...

$^3/_4$ of 12 = 9

My score: _____ My time: _____ min _____ s

 I'm happy   I'm not happy

The main thing I didn't understand was _____.

 OOPS!   I didn't understand

I now know that _____

_____.

1. product of 4 x 9 = _____
2. product of 8 x 9 = _____
3. product of 10 x 9 = _____
4. product of 2 x 9 = _____
5. product of 0 x 9 = _____
6. product of 9 x 8 = _____
7. product of 5 x 9 = _____
8. product of 9 x 6 = _____
9. product of 9 x 4 = _____
10. product of 9 x 7 = _____
11. product of 9 x 3 = _____
12. product of 9 x 9 = _____
13. product of 8 x 9 = _____
14. product of 11 x 9 = _____
15. product of 9 x 4 = _____
16. product of 9 x 0 = _____
17. product of 6 x 9 = _____
18. product of 9 x 10 = _____
19. product of 9 x 9 = _____
20. product of 2 x 9 = _____
21. product of 9 x 5 = _____
22. product of 9 x 8 = _____
23. product of 7 x 9 = _____
24. product of 9 x 5 = _____
25. product of 9 x 6 = _____

26. product of 7 x 9 = ____
27. product of 9 x 6 = ____
28. product of 9 x 12 = ____
29. product of 9 x 9 = ____
30. product of 3 x 9 = ____
31. 9 x 20 = _____
32. 9 x 80 = _____
33. 9 x 100 = _____
34. 9 x 40 = _____
35. 9 x 90 = _____
36. 9 x 50 = _____
37. 9 x 10 = _____
38. 9 x 70 = _____
39. 9 x 60 = _____
40. 9 x 30 = _____
41. 9 x _____ = 36
42. 9 x _____ = 90
43. 9 x _____ = 0
44. 9 x _____ = 63
45. 9 x _____ = 18
46. 9 x _____ = 54
47. 9 x _____ = 9
48. 9 x _____ = 45
49. 9 x _____ = 72
50. 9 x _____ = 27

Circle 3 out of every 4 in these amounts and then write the number circled.

1. $^3/_4$ of 20 = ____

X   X   X   X
X   X   X   X
X   X   X   X
X   X   X   X
X   X   X   X

2. $^3/_4$ of 32 = ____

X   X   X   X
X   X   X   X
X   X   X   X
X   X   X   X
X   X   X   X
X   X   X   X
X   X   X   X
X   X   X   X

3. $^3/_4$ of 16 = ____

X   X   X   X
X   X   X   X
X   X   X   X
X   X   X   X

My score: _____ My time: _____ min _____ s

The main thing I didn't understand was _____.

I now know that _____

_____.

1. 4 x 9 = _____

2. 6 x 9 = _____

3. 11 x 9 = _____

4. 5 x 9 = _____

5. 8 x 9 = _____

6. 10 x 9 = _____

7. 12 x 9 = _____

8. 7 x 9 = _____

9. 9 x 9 = _____

10. 3 x 9 = _____

11. 12 x 3 = _____

12. 5 x 3 = _____

13. 1 x 3 = _____

14. 7 x 3 = _____

15. 3 x 3 = _____

16. 6 x 3 = _____

17. 4 x 3 = _____

18. 8 x 3 = _____

19. 10 x 3 = _____

20. 9 x 3 = _____

21. 4 x 90 = _____

22. 2 x 90 = _____

23. 3 x 90 = _____

24. 5 x 90 = _____

25. 7 x 90 = _____

26. 0 x 90 = _____

27. 10 x 90 = _____

28. 9 x 90 = _____

29. 6 x 90 = _____

30. 8 x 90 = _____

31. 9 + 2 + 3 = _____

32. 4 + 3 + 7 = _____

33. 2 + 6 + 5 = _____

34. 3 + 3 + 2 = _____

35. 2 + 1 + 4 = _____

36. 4 + 5 + 0 = _____

37. 7 + 2 + 3 = _____

38. 8 + 4 + 2 = _____

39. 6 + 3 + 5 = _____

40. 9 + 4 + 7 = _____

41. 3 + _____ = 1 dozen

42. 5 + _____ = 1 dozen

43. 2 + _____ = 1 dozen

44. 7 + _____ = 1 dozen

45. 4^2 = _____

46. 10^2 = _____

47. 5^2 = _____

48. 3^2 = _____

49. 9^2 = _____

50. 2^2 = _____

Circle $^4/_5$ of the amounts below (4 out of every 5).   2. $^4/_5$ of 75 = _____

1. $^4/_5$ of 40 = _____

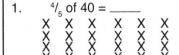

My score: _____   My time: _____ min _____ s

The main thing I didn't understand was _____.

I now know that _____

1. 100 + 57 = ___
2. 99 + 57 = ___
3. 100 + 43 = ___
4. 99 + 43 = ___
5. 100 + 87 = ___
6. 99 + 87 = ___
7. 100 + 75 = ___
8. 99 + 75 = ___
9. 100 + 48 = ___
10. 99 + 48 = ___
11. 9 x 1 = ___
12. 12 x 9 = ___
13. 10 x 9 = ___
14. 9 x 0 = ___
15. 4 x 9 = ___
16. 9 x 7 = ___
17. 5 x 9 = ___
18. 9 x 10 = ___
19. 3 x 9 = ___
20. 9 x 9 = ___
21. 9 x 8 = ___
22. 4 x 9 = ___
23. 9 x 9 = ___
24. 7 x 9 = ___
25. 8 x 9 = ___

26. 2 x 9 = ___
27. 9 x 8 = ___
28. 11 x 9 = ___
29. 6 x 9 = ___
30. 7 x 9 = ___
31. 5 x 9 = ___
32. 9 x 7 = ___
33. 2 x 9 = ___
34. 8 x 9 = ___
35. 9 x 6 = ___
36. 9 x 3 = ___
37. 3 x 9 = ___
38. 9 x 8 = ___
39. 9 x 5 = ___
40. 8 x 9 = ___
41. 0 x 9 = ___
42. 9 x 7 = ___
43. 9 x 12 = ___
44. 4 x 9 = ___
45. 5 x 9 = ___
46. 9 x 3 = ___
47. 9 x 12 = ___
48. 0 x 9 = ___
49. 6 x 9 = ___
50. 9 x 9 = ___

51. 9 x ___ = 18
52. 9 x ___ = 63
53. 9 x ___ = 36
54. 9 x ___ = 72
55. 9 x ___ = 45
56. 9 x ___ = 108
57. 9 x ___ = 27
58. 9 x ___ = 54
59. 9 x ___ = 81
60. 9 x ___ = 18
61. 100 − 60 = ___
62. 100 − 63 = ___
63. 100 − 70 = ___
64. 100 − 77 = ___
65. 100 − 20 = ___
66. 100 − 28 = ___
67. 100 − 40 = ___
68. 100 − 45 = ___
69. 100 − 50 = ___
70. 100 − 56 = ___
71. 10^2 = ___
72. 10^3 = ___
73. 10^4 = ___
74. 10^5 = ___
75. 10^6 = ___

76. 2^3 = ___
77. 3^3 = ___
78. 9^2 = ___
79. 5^3 = ___
80. 5^2 = ___
81. 18 ÷ 9 = ___
82. 45 ÷ 9 = ___
83. 72 ÷ 9 = ___
84. 9 ÷ 9 = ___
85. 36 ÷ 9 = ___
86. 63 ÷ 9 = ___
87. 90 ÷ 9 = ___
88. 27 ÷ 9 = ___
89. 54 ÷ 9 = ___
90. 81 ÷ 9 = ___
91. $\frac{1}{2}$ x 60 = ___
92. $\frac{1}{2}$ x 90 = ___
93. $\frac{1}{2}$ x 30 = ___
94. $\frac{1}{2}$ x 50 = ___
95. $\frac{1}{2}$ x 70 = ___
96. $\frac{1}{2}$ x 10 = ___
97. $\frac{1}{2}$ x 40 = ___
98. $\frac{1}{2}$ x 20 = ___
99. $\frac{1}{2}$ x 80 = ___
100. $\frac{1}{2}$ x 100 = ___

My score: _____ My time: _____ min _____ s

The main thing I didn't understand was _____.

I now know that _____

1. $3 \times 0 =$ _____

2. $5 \times 3 =$ _____

3. $7 \times 3 =$ _____

4. $7 \times 9 =$ _____

5. $3 \times 2 =$ _____

6. $9 \times 2 =$ _____

7. $5 \times 9 =$ _____

8. $6 \times 3 =$ _____

9. $6 \times 9 =$ _____

10. $0 \times 9 =$ _____

11. $12 \times 3 =$ _____

12. $9 \times 12 =$ _____

13. $8 \times 3 =$ _____

14. $8 \times 9 =$ _____

15. $9 \times 3 =$ _____

16. $4 \times 3 =$ _____

17. $9 \times 4 =$ _____

18. $9 \times 9 =$ _____

19. $10 \times 3 =$ _____

20. $10 \times 9 =$ _____

21. 15 tens = _____

22. 23 tens = _____

23. 35 tens = _____

24. 19 tens = _____

25. 40 tens = _____

26. 29 tens = _____

27. 32 tens = _____

28. 27 tens = _____

29. 18 tens = _____

30. 36 tens = _____

31. $3 + 5 =$ _____

32. $30 + 50 =$ _____

33. $4 + 7 =$ _____

34. $40 + 70 =$ _____

35. $6 + 3 =$ _____

36. $60 + 30 =$ _____

37. $8 + 8 =$ _____

38. $80 + 80 =$ _____

39. $5 + 8 =$ _____

40. $50 + 80 =$ _____

41. $2 \times 3 \times 0 \times 2 =$ _____

42. $3 \times 3 \times 0 \times 3 =$ _____

43. $2 \times 0 \times 3 \times 3 =$ _____

44. $0 \times 3 \times 2 \times 5 =$ _____

45. $4 \times 2 \times 0 \times 9 =$ _____

46. $14 - 6 =$ _____

47. $14 - 8 =$ _____

48. $13 - 6 =$ _____

49. $13 - 8 =$ _____

50. $13 - 4 =$ _____

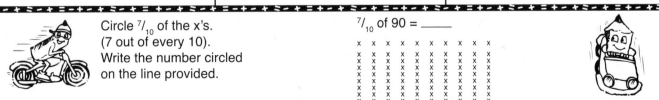

Circle $^{7}/_{10}$ of the x's.
(7 out of every 10).
Write the number circled
on the line provided.

$^{7}/_{10}$ of 90 = _____

My score: _____ My time: _____ min _____ s

The main thing I didn't understand was _____.

I now know that _____

Math Speed Tests – Book 2

1. 0 rows of 9 = _____

2. 5 rows of 9 = _____

3. 6 rows of 9 = _____

4. 1 row of 9 = _____

5. 8 rows of 9 = _____

6. 7 rows of 9 = _____

7. 12 rows of 9 = _____

8. 9 rows of 9 = _____

9. 3 rows of 9 = _____

10. 10 rows of 9 = _____

11. 4 rows of 9 = _____

12. 3 rows of 11 = _____

13. 3 rows of 7 = _____

14. 3 rows of 3 = _____

15. 3 rows of 6 = _____

16. 3 rows of 0 = _____

17. 3 rows of 9 = _____

18. 3 rows of 2 = _____

19. 3 rows of 5 = _____

20. 3 rows of 10 = _____

21. 3 rows of 8 = _____

22. 3 rows of 4 = _____

23. 3 rows of 2 = _____

24. 1 row of 2 = _____

25. 12 rows of 2 = _____

26. 4 rows of 2 = _____

27. 9 rows of 2 = _____

28. 7 rows of 2 = _____

29. 6 rows of 2 = _____

30. 8 rows of 2 = _____

31. 5 rows of 2 = _____

32. 10 rows of 2 = _____

33. 4 rows of 8 = _____

34. 4 rows of 9 = _____

35. 4 rows of 10 = _____

36. 4 rows of 3 = _____

37. 4 rows of 7 = _____

38. 4 rows of 0 = _____

39. 4 rows of 12 = _____

40. 4 rows of 4 = _____

41. 4 rows of 6 = _____

42. 4 rows of 5 = _____

43. 9 rows of 10 = _____

44. 9 rows of 5 = _____

45. 7 rows of 10 = _____

46. 7 rows of 5 = _____

47. 8 rows of 10 = _____

48. 8 rows of 5 = _____

49. 5 rows of 10 = _____

50. 5 rows of 5 = _____

Help Kenny Cockroach through the maze to the apple core by drawing a path for him to follow.

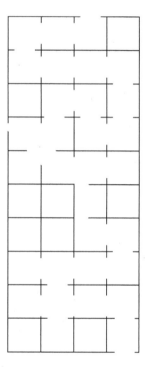

My score: _____ My time: _____ min _____ s

The main thing I didn't understand was _____.

I now know that _____

_____.

0 x 6 = 0	6 x 0 = 0	0 ÷ 6 = 0	6 ÷ 1 = 6
1 x 6 = 6	6 x 1 = 6	6 ÷ 6 = 1	12 ÷ 2 = 6
2 x 6 = 12	6 x 2 = 12	12 ÷ 6 = 2	18 ÷ 3 = 6
3 x 6 = 18	6 x 3 = 18	18 ÷ 6 = 3	24 ÷ 4 = 6
4 x 6 = 24	6 x 4 = 24	24 ÷ 6 = 4	30 ÷ 5 = 6
5 x 6 = 30	6 x 5 = 30	30 ÷ 6 = 5	36 ÷ 6 = 6
6 x 6 = 36	6 x 6 = 36	36 ÷ 6 = 6	42 ÷ 7 = 6
7 x 6 = 42	6 x 7 = 42	42 ÷ 6 = 7	48 ÷ 8 = 6
8 x 6 = 48	6 x 8 = 48	48 ÷ 6 = 8	54 ÷ 9 = 6
9 x 6 = 54	6 x 9 = 54	54 ÷ 6 = 9	60 ÷ 10 = 6
10 x 6 = 60	6 x 10 = 60	60 ÷ 6 = 10	66 ÷ 11 = 6
11 x 6 = 66	6 x 11 = 66	66 ÷ 6 = 11	72 ÷ 12 = 6
12 x 6 = 72	6 x 12 = 72	72 ÷ 6 = 12	

9	10	20	21	22	57	58	19	35	40
48	42	36	30	24	56	59	20	37	44
54	11	19	23	72	55	16	21	41	46
60	13	17	25	66	53	17	22	43	45
54	48	42	26	18	52	51	23	39	38
1	14	36	27			50	42	48	36
18	24	30	28			49	36	34	30
12	15	16	29			47	30	33	24
6	12	18	31	37	38	46	24	32	18
2	5	24	32	35	39	45	18	31	12
3	72	18	33	18	72	6	12	29	6
4	6	8	34	24	40	44	25	28	18
7	18	24	12	30	41	43	26	27	24

It's nearly dinner time and Bruce is cooking up one of his most famous dishes. Duck and Grub can smell it and they are very hungry. They need some help getting to the dinner table.

You see, Bruce said they must walk on all the squares that are six times tables answers. Color the path they must take. You can only travel up, down and across, not diagonally.

Domino Magic—You can find out the dots on a domino without looking by giving a friend these instructions:
1. Multiply the larger number by 5.
2. Add 8.
3. Multiply by 2.
4. Add the smaller number on the domino.
   Ask your friend the number he or she has so far.
5. Subtract 16.
6. The numbers are always the 2 digits of your final answer, in this case, 4 and 1.

Working:
1. 4 x 5 = 20
2. 20 + 8 = 28
3. 28 x 2 = 56
4. 56 +1 = 57
5. 57 – 16 = 41

Digits are
4 and 1

100% ☺

1. 0 x 6 = __0__
2. 1 x 6 = __6__
3. 2 x 6 = __12__
4. 3 x 6 = __18__
5. 4 x 6 = __24__
6. 5 x 6 = __30__
7. 6 x 6 = __36__
8. 7 x 6 = __42__
9. 8 x 6 = __~~6~~ 48__
10. 9 x 6 = __54__
11. 10 x 6 = __60__
12. 11 x 6 = __66__
13. 12 x 6 = __72__
14. 6 x 0 = __0__
15. 6 x 1 = __~~6~~ 6__
16. 6 x 2 = __~~6~~ 12__
17. 6 x 3 = __~~6~~ 18__

18. 6 x 4 = __24__
19. 6 x 5 = __30__
20. 6 x 6 = __36__
21. 6 x 7 = __42__
22. 6 x 8 = __48__
23. 6 x 9 = __54__
24. 6 x 10 = __60__
25. 6 x 11 = __66__
26. 6 x 12 = __72__
27. 4 sixes = __24__
28. 12 sixes = __72__
29. 7 sixes = __42__
30. 3 sixes = __18__
31. 9 sixes = __54__
32. 36 ÷ 6 = __6__
33. 72 ÷ 6 = __12__
34. 6 ÷ 6 = __1__

35. 18 ÷ 6 = __3__
36. 24 ÷ 6 = __4__
37. 54 ÷ 6 = __~~8~~ 9__
38. 30 ÷ 6 = __5__
39. 42 ÷ 6 = __7__
40. 48 ÷ 6 = __8__
41. 60 ÷ 6 = __10__
42. 6 x __5__ = 30
43. 6 x __10__ = 60
44. 6 x __8__ = 48
45. 6 x __2__ = 12
46. 6 x __6__ = 36
47. 6 x __3__ = 18
48. 6 x __7__ = 42
49. 6 x __9__ = 54
50. 6 x __4__ = 24

Check the domino magic formula on this domino. Use the lines to show the 6 working steps.

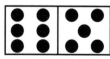

1. _____   3. _____   5. _____

2. _____   4. _____   6. _____

My score: _____   My time: _____ min _____ s

The main thing I didn't understand was _____.

I now know that _____

_____.

 I'm happy   I'm not happy

 OOPS!   I didn't understand

1. 6 lots of 8 = _____
2. 0 lots of 6 = _____
3. 4 lots of 6 = _____
4. 10 lots of 6 = _____
5. 9 lots of 6 = _____
6. 6 lots of 3 = _____
7. 6 lots of 2 = _____
8. 6 lots of 6 = _____
9. 11 lots of 6 = _____
10. 6 lots of 9 = _____
11. 6 lots of 4 = _____
12. 6 lots of 8 = _____
13. 2 lots of 6 = _____
14. 6 lots of 5 = _____
15. 12 lots of 6 = _____
16. 5 lots of 6 = _____
17. 7 lots of 6 = _____

18. 6 lots of 6 = _____
19. 6 lots of 9 = _____
20. 6 lots of 8 = _____
21. 3 lots of 6 = _____
22. 6 lots of 3 = _____
23. 7 lots of 6 = _____
24. 6 lots of 7 = _____
25. 6 lots of 6 = _____
26. 6 lots of 9 = _____
27. 6 lots of 10 = _____
28. 8 lots of 6 = _____
29. 6 lots of 7 = _____
30. 6 lots of 4 = _____
31. 6 lots of 8 = _____
32. 6 lots of 10 = _____
33. 4 lots of 6 = _____
34. 7 lots of 6 = _____

35. 6 lots of 12 = _____
36. 6 lots of 3 = _____
37. 9 lots of 6 = _____
38. 6 lots of 5 = _____
39. 3 lots of 6 = _____
40. 6 lots of 10 = _____

Write the product of... 3's

41. 4 and 3 = _____
42. 8 and 3 = _____
43. 5 and 3 = _____
44. 10 and 3 = _____
45. 2 and 3 = _____
46. 12 and 3 = _____
47. 7 and 3 = _____
48. 9 and 3 = _____
49. 3 and 3 = _____
50. 6 and 3 = _____

Check the domino magic formula on the dominoes below.

My score: _____ My time: _____ min _____ s

The main thing I didn't understand was _____.

I now know that _____

_____.

　　　Math Speed Tests – Book 2

1. 1 x 6 = _____

2. 3 x 6 = _____

3. 6 x 6 = _____

4. 4 x 6 = _____

5. 8 x 6 = _____

6. 5 x 6 = _____

7. 10 x 6 = _____

8. 2 x 6 = _____

9. 9 x 6 = _____

10. 7 x 6 = _____

11. 8 x 6 = _____

12. 6 x 11 = _____

13. 4 x 6 = _____

14. 6 x 5 = _____

15. 6 x 9 = _____

16. 0 x 6 = _____

17. 6 x 4 = _____

18. 6 x 7 = _____

19. 6 x 8 = _____

20. 6 x 2 = _____

21. 4 x 6 = _____

22. 6 x 9 = _____

23. 12 x 6 = _____

24. 7 x 6 = _____

25. 5 x 6 = _____

26. 6 x 8 = _____

27. 6 x 10 = _____

28. 6 x 3 = _____

29. 6 x 6 = _____

30. 3 x 6 = _____

31. 54 ÷ 6 = _____

32. 30 ÷ 6 = _____

33. 42 ÷ 6 = _____

34. 48 ÷ 6 = _____

35. 60 ÷ 6 = _____

36. 36 ÷ 6 = _____

37. 72 ÷ 6 = _____

38. 6 ÷ 6 = _____

39. 18 ÷ 6 = _____

40. 24 ÷ 6 = _____

41. 5^2 = _____

42. 2^2 = _____

43. 6^2 = _____

44. 4^2 = _____

45. 3^2 = _____

46. 1 dozen = _____

47. 3 dozen = _____

48. $^1/_2$ dozen = _____

49. 6 dozen = _____

50. 2 dozen = _____

Can you draw over the shapes below without lifting your pencil from the paper or going over a line twice?

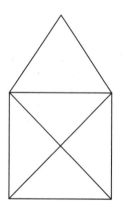

My score: _____ My time: _____ min _____ s

The main thing I didn't understand was _____.

I now know that _____

_____.

1. 6 sheep = _____ legs
2. 6 spiders = _____ legs
3. 6 insects = _____ legs
4. 6 ladies = _____ toes
5. 6 weeks = _____ days
6. 6 triangles = _____ sides
7. 6 centuries = _____ years
8. 6 squares = _____ sides
9. 6 boys = _____ noses
10. 60 x 6 = _____
11. 60 x 11 = _____
12. 60 x 5 = _____
13. 60 x 10 = _____
14. 60 x 7 = _____
15. 60 x 9 = _____
16. 60 x 2 = _____
17. 60 x 3 = _____
18. 60 x 8 = _____
19. 60 x 4 = _____
20. 60 x 12 = _____
21. 54 ÷ 6 = _____
22. 42 ÷ 6 = _____
23. 48 ÷ 6 = _____
24. 6 ÷ 6 = _____
25. 36 ÷ 6 = _____

26. 24 ÷ 6 = _____
27. 12 ÷ 6 = _____
28. 18 ÷ 6 = _____
29. 30 ÷ 6 = _____
30. 60 ÷ 6 = _____
31. 12 minus 5 = _____
32. 16 minus 6 = _____
33. 14 minus 9 = _____
34. 13 minus 7 = _____
35. 15 minus 8 = _____
36. 17 minus 12 = _____
37. 15 minus 7 = _____
38. 16 minus 1 = _____
39. 18 minus 13 = _____
40. 14 minus 7 = _____
41. 6 lots of 9 = _____
42. 6 lots of 3 = _____
43. 6 lots of 7 = _____
44. 6 lots of 8 = _____
45. 6 lots of 2 = _____
46. 6 lots of 10 = _____
47. 6 lots of 4 = _____
48. 6 lots of 12 = _____
49. 6 lots of 5 = _____
50. 6 lots of 6 = _____

Draw your own dots on the dominoes below then check the formula.
Use the lines provided for working.

(a) _____
_____
_____
_____
_____

(b) _____
_____
_____
_____
_____

My score: _____ My time: _____ min _____ s

The main thing I didn't understand was _____.

I now know that _____

_____.

1. 4 x 6 = _____
2. 9 x 6 = _____
3. 5 x 6 = _____
4. 12 x 6 = _____
5. 7 x 6 = _____
6. 6 x 6 = _____
7. 9 x 6 = _____
8. 8 x 6 = _____
9. 7 x 6 = _____
10. 10 x 6 = _____
11. 0 x 6 = _____
12. 7 x 6 = _____
13. 11 x 6 = _____
14. 10 x 6 = _____
15. 8 x 6 = _____
16. 9 x 6 = _____
17. 12 x 6 = _____
18. 9 x 6 = _____
19. 8 x 6 = _____
20. 3 x 6 = _____
21. 4 x 6 = _____
22. 6 + 6 = _____
23. 24 ÷ 6 = _____
24. 42 ÷ 6 = _____
25. 66 ÷ 6 = _____

26. 30 ÷ 6 = _____
27. 48 ÷ 6 = _____
28. 36 ÷ 6 = _____
29. 54 ÷ 6 = _____
30. 60 ÷ 6 = _____
31. 6 x 3 = _____
32. 6 x 5 = _____
33. 6 x 10 = _____
34. 6 x 7 = _____
35. 6 x 4 = _____
36. 6 x 12 = _____
37. 6 x 9 = _____
38. 6 x 8 = _____
39. 6 x 3 = _____
40. 6 x 4 = _____
41. 6 x 9 = _____
42. 6 x 8 = _____
43. 6 x 5 = _____
44. 6 x 8 = _____
45. 6 x 0 = _____
46. 6 x 9 = _____
47. 6 x 6 = _____
48. 6 x 7 = _____
49. 6 x 5 = _____
50. 6 x 11 = _____

51. 4 x 60 = _____
52. 8 x 60 = _____
53. 5 x 60 = _____
54. 10 x 60 = _____
55. 12 x 60 = _____
56. 6 x 60 = _____
57. 9 x 60 = _____
58. 3 x 60 = _____
59. 0 x 60 = _____
60. 7 x 60 = _____
61. 9 x 6 = _____
62. 6 x 9 = _____
63. 6 x 4 = _____
64. 8 x 6 = _____
65. 12 x 6 = _____
66. 4 x 6 = _____
67. 3 x 6 = _____
68. 7 x 6 = _____
69. 6 x 11 = _____
70. 6 x 8 = _____
71. 6 twos = _____
72. 6 sixes = _____
73. 6 nines = _____
74. 6 fours = _____
75. 6 tens = _____

76. 6 fives = _____
77. 6 ones = _____
78. 60 x 0 = _____
79. 60 x 2 = _____
80. 60 x 1 = _____
81. 60 x 10 = _____
82. 60 x 7 = _____
83. 60 x 4 = _____
84. 60 x 12 = _____
85. 60 x 9 = _____
86. 60 x 5 = _____
87. 60 x 3 = _____
88. 60 x 8 = _____
89. 60 x 11 = _____
90. 60 x 6 = _____
91. 10 – 4 = _____
92. 20 – 4 = _____
93. 30 – 4 = _____
94. 40 – 4 = _____
95. 50 – 4 = _____
96. 60 – 4 = _____
97. 70 – 4 = _____
98. 80 – 4 = _____
99. 90 – 4 = _____
100. 100 – 4 = _____

My score: _____ My time: _____ min _____ s

The main thing I didn't understand was _____.

I now know that _____

_____.

1.　12 x 3 = _____
2.　12 x 6 = _____
3.　12 x 9 = _____
4.　7 x 3 = _____
5.　7 x 6 = _____
6.　7 x 9 = _____
7.　3 x 3 = _____
8.　3 x 6 = _____
9.　3 x 9 = _____
10.　6 x 3 = _____
11.　6 x 6 = _____
12.　6 x 9 = _____
13.　8 x 3 = _____
14.　8 x 6 = _____
15.　8 x 9 = _____
16.　4 x 3 = _____
17.　4 x 6 = _____

18.　4 x 9 = _____
19.　9 x 3 = _____
20.　9 x 6 = _____
21.　9 x 9 = _____
22.　10 x 9 = _____
23.　5 x 3 = _____
24.　5 x 6 = _____
25.　5 x 9 = _____
26.　2^2 = _____
27.　3^2 = _____
28.　4^2 = _____
29.　5^2 = _____
30.　6^2 = _____
31.　9^2 = _____
32.　10^2 = _____
33.　Water boils at _____°C
34.　Water freezes at _____°C

Find the square root of...

35.　4 = _____
36.　9 = _____
37.　25 = _____
38.　81 = _____
39.　16 = _____
40.　100 = _____
41.　36 = _____
42.　14 – 6 = _____
43.　11 – 7 = _____
44.　16 – 8 = _____
45.　14 – 6 = _____
46.　12 – 4 = _____
47.　15 – 7 = _____
48.　13 – 5 = _____
49.　13 – 6 = _____
50.　15 – 9 = _____

Did you know? Snow crystals are all six-sided shapes but no two are exactly alike.

Draw some of your own snow crystals below. Make sure all have 6 sides and none are alike.

My score: _____ My time: _____ min _____ s

The main thing I didn't understand was _____.

I now know that _____
_____.

1. 2 times 6 = _____
2. 3 times 3 = _____
3. 3 times 9 = _____
4. 2 times 7 = _____
5. 4 times 6 = _____
6. 4 times 8 = _____
7. 6 times 2 = _____
8. 2 times 2 = _____
9. 6 times 9 = _____
10. 3 times 7 = _____
11. 6 times 4 = _____
12. 9 times 2 = _____
13. 12 times 4 = _____
14. 9 times 9 = _____
15. 4 times 2 = _____
16. 9 times 8 = _____
17. 12 times 9 = _____

18. 6 times 7 = _____
19. 6 times 10 = _____
20. 4 times 3 = _____
21. 12 times 10 = _____
22. 9 times 7 = _____
23. 5 times 9 = _____
24. 3 times 11 = _____
25. 9 times 4 = _____
26. 3 times 4 = _____
27. 4 times 7 = _____
28. 12 times 5 = _____
29. 3 times 8 = _____
30. 4 times 9 = _____
31. 3 times 5 = _____
32. 4 times 5 = _____
33. 0 times 1 = _____
34. 6 times 3 = _____

35. 3 times 6 = _____
36. 9 times 10 = _____
37. 2 times 3 = _____
38. 4 times 10 = _____
39. 6 times 8 = _____
40. 3 times 2 = _____
41. 3 times 10 = _____
42. 4 times 4 = _____
43. 2 times 8 = _____
44. 9 times 6 = _____
45. 6 times 6 = _____
46. 9 times 5 = _____
47. 5 times 8 = _____
48. 5 times 7 = _____
49. 9 times 3 = _____
50. 6 times 5 = _____

Tessellations — If shapes fit together without leaving any spaces, they are said to **tessellate**. The hexagon tessellates. Bees use this shape when they build their wax combs. Complete the beehive so Belinda Bee and her friends can fill it with honey.

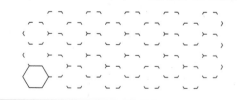

My score: _____ My time: _____ min _____ s

The main thing I didn't understand was _____.

I now know that _____

_____.

1. $18 \div 2 =$ _____

2. $2 \div 2 =$ _____

3. $16 \div 2 =$ _____

4. $4 \div 2 =$ _____

5. $10 \div 2 =$ _____

6. $20 \div 2 =$ _____

7. $14 \div 2 =$ _____

8. $6 \div 2 =$ _____

9. $12 \div 2 =$ _____

10. $8 \div 2 =$ _____

Write the product of...

11. 4 and 5 = _____

12. 4 and 10 = _____

13. 4 and 1 = _____

14. 4 and 6 = _____

15. 4 and 9 = _____

16. 4 and 2 = _____

17. 4 and 7 = _____

18. 4 and 3 = _____

19. 4 and 8 = _____

20. 4 and 4 = _____

21. multiply 9 by 4 = _____

22. multiply 9 by 7 = _____

23. multiply 9 by 1 = _____

24. multiply 9 by 9 = _____

25. multiply 9 by 5 = _____

26. multiply 9 by 3 = _____

27. multiply 9 by 8 = _____

28. multiply 9 by 10 = _____

29. multiply 9 by 6 = _____

30. multiply 9 by 2 = _____

31. 6 lots of 2 = _____

32. 6 lots of 6 = _____

33. 6 lots of 10 = _____

34. 6 lots of 9 = _____

35. 6 lots of 7 = _____

36. 6 lots of 1 = _____

37. 6 lots of 4 = _____

38. 6 lots of 5 = _____

39. 6 lots of 8 = _____

40. 6 lots of 3 = _____

41. $3 + 3 + 3 =$ _____

42. $1 + 1 + 1 =$ _____

43. $5 + 5 + 5 =$ _____

44. $8 + 8 + 8 =$ _____

45. $4 + 4 + 4 =$ _____

46. $9 + 9 + 9 =$ _____

47. $6 + 6 + 6 =$ _____

48. $2 + 2 + 2 =$ _____

49. $7 + 7 + 7 =$ _____

50. $10 + 10 + 10 =$ _____

Measure your height. What is it? _____ Now stand against a wall and hold your arms out sideways. Ask a friend to mark where each hand reaches on the wall with a piece of chalk. Now measure this. What is it? _____

What do you notice? Are you a square person, or very nearly square one?

My score: _____ My time: _____ min _____ s

The main thing I didn't understand was _____.

I now know that _____

_____.

1. $1^2 =$ _____

2. $2^2 =$ _____

3. $3^2 =$ _____

4. $4^2 =$ _____

5. $5^2 =$ _____

6. $6^2 =$ _____

7. $9^2 =$ _____

8. $10^2 =$ _____

9. $3 \times 3 \times 3 =$ _____

10. $2 \times 3 \times 4 =$ _____

Round to the nearest 10...

11. $75 =$ _____

12. $54 =$ _____

13. $87 =$ _____

14. $24 =$ _____

15. $81 =$ _____

16. $99 =$ _____

17. $76 =$ _____

18. $43 =$ _____

19. $45 =$ _____

20. $62 =$ _____

21. $2 \times 3 =$ _____

22. $3 \times 3 =$ _____

23. $12 \times 9 =$ _____

24. $3 \times 6 =$ _____

25. $3 \times 9 =$ _____

26. $12 \times 5 =$ _____

27. $3 \times 4 =$ _____

28. $4 \times 6 =$ _____

29. $4 \times 9 =$ _____

30. $6 \times 6 =$ _____

31. $5 \times 7 =$ _____

32. $12 \times 4 =$ _____

33. $3 \times 5 =$ _____

34. $4 \times 5 =$ _____

35. $12 \times 6 =$ _____

36. $4 \times 7 =$ _____

37. $2 \times 8 =$ _____

38. $4 \times 4 =$ _____

39. $5 \times 8 =$ _____

40. $4 \times 8 =$ _____

41. $12 \times 2 =$ _____

42. $5 \times 9 =$ _____

43. $3 \times 8 =$ _____

44. $3 \times 10 =$ _____

45. $2 \times 7 =$ _____

46. $4 \times 10 =$ _____

47. $5 \times 10 =$ _____

48. $12 \times 10 =$ _____

49. $3 \times 7 =$ _____

50. $9 \times 3 =$ _____

Useful Numbers–Did you know that you can make any number from 1 to 40 by adding or subtracting the numbers 27, 9, 3 and 1 in various combinations? Study the examples.

1. $1 = (1 + 1) - 1$
2. $2 = 3 - 1$
3. $3 = (3 + 1) - 1$
10. $10 = 9 + 1$

4. $4 = 3 + 1$
5. $5 = 9 - (3 + 1)$
6. $6 = 9 - 3$

7. $7 = (9 + 1) - 3$
8. $8 = 9 - 1$
9. $9 = (9 + 1) - 1$

My score: _____ My time: _____ min _____ s

The main thing I didn't understand was _____.

I now know that _____

_____.

1. 0 x 2 = _____
2. 6 x 2 = _____
3. 2 x 10 = _____
4. 12 x 2 = _____
5. 10 x 3 = _____
6. 5 x 3 = _____
7. 3 x 12 = _____
8. 2 x 4 = _____
9. 7 x 4 = _____
10. 1 x 2 = _____
11. 3 x 1 = _____
12. 2 x 6 = _____
13. 3 x 6 = _____
14. 3 x 11 = _____
15. 6 x 4 = _____
16. 2 x 9 = _____
17. 11 x 3 = _____
18. 9 x 4 = _____
19. 10 x 4 = _____
20. 5 x 1 = _____
21. 8 x 3 = _____
22. 3 x 8 = _____
23. 4 x 5 = _____
24. 6 x 4 = _____
25. 4 x 6 = _____

26. 12 x 4 = _____
27. 0 x 5 = _____
28. 6 x 6 = _____
29. 11 x 6 = _____
30. 9 x 5 = _____
31. 7 x 2 = _____
32. 2 x 7 = _____
33. 2 x 0 = _____
34. 11 x 2 = _____
35. 2 x 12 = _____
36. 0 x 10 = _____
37. 1 x 3 = _____
38. 12 x 3 = _____
39. 2 x 1 = _____
40. 4 x 7 = _____
41. 6 x 3 = _____
42. 3 x 4 = _____
43. 2 x 2 = _____
44. 9 x 2 = _____
45. 3 x 8 = _____
46. 4 x 3 = _____
47. 5 x 2 = _____
48. 3 x 7 = _____
49. 7 x 3 = _____
50. 11 x 4 = _____

51. 5 x 4 = _____
52. 2 x 8 = _____
53. 4 x 5 = _____
54. 6 x 5 = _____
55. 9 x 3 = _____
56. 3 x 9 = _____
57. 4 x 12 = _____
58. 8 x 4 = _____
59. 4 x 8 = _____
60. 7 x 6 = _____
61. 2 x 4 = _____
62. 2 x 3 = _____
63. 2 x 5 = _____
64. 3 x 3 = _____
65. 3 x 5 = _____
66. 2 x 3 = _____
67. 10 x 2 = _____
68. 1 x 10 = _____
69. 4 x 0 = _____
70. 4 x 2 = _____
71. 2 x 2 = _____
72. 4 x 4 = _____
73. 4 x 7 = _____
74. 7 x 4 = _____
75. 4 x 9 = _____

76. 8 x 3 = _____
77. 9 x 4 = _____
78. 4 x 9 = _____
79. 12 x 4 = _____
80. 4 x 11 = _____
81. 8 x 2 = _____
82. 9 x 3 = _____
83. 3 x 9 = _____
84. 4 x 4 = _____
85. 8 x 4 = _____
86. 4 x 8 = _____
87. 12 x 6 = _____
88. 3 x 5 = _____
89. 7 x 5 = _____
90. 8 x 5 = _____
91. 4 x 2 = _____
92. 2 x 11 = _____
93. 3 x 10 = _____
94. 5 x 2 = _____
95. 4 x 3 = _____
96. 0 x 4 = _____
97. 10 x 1 = _____
98. 3 x 4 = _____
99. 1 x 4 = _____
100. 3 x 12 = _____

My score: _____ My time: _____ min _____ s

The main thing I didn't understand was _____.

I now know that _____

_____

1.   2 lots of 7 = _____

2.   5 lots of 7 = _____

3.   8 lots of 10 = _____

4.   2 lots of 8 = _____

5.   8 lots of 9 = _____

6.   3 lots of 7 = _____

7.   6 lots of 7 = _____

8.   3 lots of 8 = _____

9.   8 lots of 6 = _____

10.   4 lots of 7 = _____

11.   4 lots of 8 = _____

12.   9 lots of 7 = _____

13.   7 lots of 5 = _____

14.   8 lots of 5 = _____

15.   5 lots of 8 = _____

16.   8 lots of 4 = _____

17.   10 lots of 7 = _____

18.   6 lots of 8 = _____

19.   7 lots of 4 = _____

20.   9 lots of 8 = _____

21.   8 lots of 3 = _____

22.   7 lots of 3 = _____

23.   10 lots of 8 = _____

24.   8 lots of 2 = _____

25.   7 lots of 2 = _____

26.   7 lots of 6 = _____

27.   7 lots of 9 = _____

28.   5 lots of 8 = _____

29.   4 lots of 3 = _____

30.   6 lots of 5 = _____

31.   2 lots of 2 = _____

32.   1 lot of 1 = _____

33. 1^2 = _____

34. 10^2 = _____

35. 4^2 = _____

36. 6^2 = _____

37. 3^2 = _____

38. 5^2 = _____

39. 9^2 = _____

40. 2^2 = _____

41.   100 – 60 = _____

42.   100 – 63 = _____

43.   100 – 50 = _____

44.   100 – 55 = _____

45.   100 – 40 = _____

46.   100 – 43 = _____

47.   100 – 20 = _____

48.   100 – 26 = _____

49.   100 – 80 = _____

50.   100 – 89 = _____

Useful Numbers (continued)

Carry on from Speed Test 47.

11 = (9 + 3) − 1

12 = 9 + 3

13 = 1 + 3 + 9

14 = 27 − (1 + 3 + 9)

15 = 27 − (3 + 9)

16 = _____

17 = _____

18 = _____

19 = _____

20 = _____

21 = _____

22 = _____

23 = _____

24 = _____

25 = _____

26 = _____

27 = _____

28 = _____

29 = _____

30 = _____

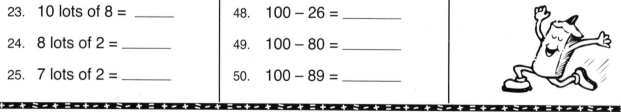

My score: _____ My time: _____ min _____ s

The main thing I didn't understand was _____.

I now know that _____

_____.

1. 1^2 = _____

2. 2^2 = _____

3. 4^2 = _____

4. 10^2 = _____

5. 5^2 = _____

6. 3^2 = _____

7. 6^2 = _____

8. 9^2 = _____

9. square root of 9 = _____

10. of 100 = _____

11. of 16 = _____

12. of 81 = _____

13. of 25 = _____

14. of 4 = _____

15. of 36 = _____

16. of 1 = _____

17. 9 x 8 = _____

18. 9 x 7 = _____

19. 6 x 8 = _____

20. 9 x 9 = _____

21. 9 x 6 = _____

22. 9 x 10 = _____

23. 6 x 5 = _____

24. 6 x 7 = _____

25. 9 x 5 = _____

26. 4 m x 3 m = _____ m^2

27. 5 m x 2 m = _____ m^2

28. 2 m x 9 m = _____ m^2

29. 8 m x 3 m = _____ m^2

30. 3 m x 7 m = _____ m^2

31. 6 m x 8 m = _____ m^2

32. 7 m x 4 m = _____ m^2

33. 4 m x 9 m = _____ m^2

34. 10 m x 4 m = _____ m^2

35. 7 m x 9 m = _____ m^2

36. 5 m x 8 m = _____ m^2

37. 3 m x 5 m = _____ m^2

38. 4 m x 7 m = _____ m^2

39. 8 m x 6 m = _____ m^2

40. 9 m x 10 m = _____ m^2

41. 99 + 64 = _____

42. 99 + 73 = _____

43. 99 + 85 = _____

44. 99 + 67 = _____

45. 99 + 28 = _____

46. 99 + 45 = _____

47. 99 + 67 = _____

48. 99 + 16 = _____

49. 100 – 80 = _____

50. 100 – 89 = _____

Useful Numbers
(continued)

Complete the table.

31 = 27 + 3 + 1
32 =
33 =
34 =
35 =
36 =
37 =
38 =
39 =
40 =

My score: _____ My time: _____ min _____ s

The main thing I didn't understand was _____.

I now know that _____

_____.

1. product of 3 and 2 = _____
2. 3 and 3 = _____
3. 3 and 9 = _____
4. 3 and 5 = _____
5. 3 and 7 = _____
6. 3 and 4 = _____
7. 3 and 8 = _____
8. 3 and 6 = _____
9. 3 and 10 = _____
10. 6 and 5 = _____
11. 6 and 10 = _____
12. 6 and 6 = _____
13. 6 and 12 = _____
14. 6 and 7 = _____
15. 6 and 3 = _____
16. 6 and 8 = _____
17. 6 and 9 = _____
18. 6 and 4 = _____
19. 9 and 3 = _____
20. 9 and 6 = _____
21. 9 and 10 = _____
22. 9 and 12 = _____
23. 9 and 5 = _____
24. 9 and 8 = _____
25. 9 and 4 = _____

26. 9 and 9 = _____
27. 9 and 7 = _____
28. 2 and 5 = _____
29. 2 and 8 = _____
30. 12 and 4 = _____
31. 2 and 6 = _____
32. 5 and 7 = _____
33. 5 and 9 = _____
34. 5 and 8 = _____
35. 5 and 10 = _____
36. 4 and 9 = _____
37. 4 and 7 = _____
38. 4 and 8 = _____
39. 4 and 3 = _____
40. 4 and 6 = _____
41. 30 + 15 = _____
42. 50 + 18 = _____
43. 70 + 14 = _____
44. 40 + 17 = _____
45. 20 + 13 = _____
46. 40 + 25 = _____
47. 50 + 33 = _____
48. 60 + 21 = _____
49. 40 + 48 = _____
50. 30 + 34 = _____

Magic Squares

The numbers in a magic square add up to the same amount if added across, down or diagonally.

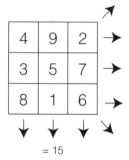

= 15

Complete the magic squares below.

1.

3		
	4	
	0	5

2.

3		
7	2	9

My score: _____ My time: _____ min _____ s

The main thing I didn't understand was _____.

I now know that _____
_____.

0	x	8	=	0		8	x	0	=	0	
1	x	8	=	8		8	x	1	=	8	
2	x	8	=	16		8	x	2	=	16	
3	x	8	=	24		8	x	3	=	24	
4	x	8	=	32		8	x	4	=	32	
5	x	8	=	40		8	x	5	=	40	
6	x	8	=	48		8	x	6	=	48	
7	x	8	=	56		8	x	7	=	56	
8	x	8	=	64		8	x	8	=	64	
9	x	8	=	72		8	x	9	=	72	
10	x	8	=	80		8	x	10	=	80	
11	x	8	=	88		8	x	11	=	88	
12	x	8	=	96		8	x	12	=	96	

0	÷	8	=	0		8	÷	1	=	8
8	÷	8	=	1		16	÷	2	=	8
16	÷	8	=	2		24	÷	3	=	8
24	÷	8	=	3		32	÷	4	=	8
32	÷	8	=	4		40	÷	5	=	8
40	÷	8	=	5		48	÷	6	=	8
48	÷	8	=	6		56	÷	7	=	8
56	÷	8	=	7		64	÷	8	=	8
64	÷	8	=	8		72	÷	9	=	8
72	÷	8	=	9		80	÷	10	=	8
80	÷	8	=	10		88	÷	11	=	8
88	÷	8	=	11		96	÷	12	=	8
96	÷	8	=	12						

56	48	40	32	24	16	3	64	56	48
64	4	6	7	9	8	80	72	2	40
72	5	72	80	8	13	12	11	10	32
8	53	64	30	16	24	32	40	14	24
96	54	56	31	29	28	26	48	15	96
24	55	48	33			27	56	17	88
32	57	40	34			36	64	72	80
40	58	32	35			37	25	18	1
48	59	24	16	88	39	38	56	64	72
56	52	51	50	49	41	42	48	19	8
64	72	80	8	96	24	32	40	20	16
60	66	63	62	61	45	44	23	21	24
65	67	69	70	68	47	46	43	22	32

Alison is going over to Bruce's house to help him with his homework. He is having lots of trouble learning the eight times tables.

She has painted a path made up entirely of eight times tables answers and intends to follow it to his house. Color the path for her. You can only travel up, down and across, not diagonally.

Remember, color eight times tables answers only. She doesn't want to confuse poor Bruce!

My score: _____ My time: _____ min _____ s

The main thing I didn't understand was _____.

I now know that _____

1. 0 x 8 = _____
2. 1 x 8 = _____
3. 2 x 8 = _____
4. 3 x 8 = _____
5. 4 x 8 = _____
6. 5 x 8 = _____
7. 6 x 8 = _____
8. 7 x 8 = _____
9. 8 x 8 = _____
10. 9 x 8 = _____
11. 10 x 8 = _____
12. 11 x 8 = _____
13. 12 x 8 = _____
14. 8 groups of 0 = ____
15. 8 groups of 1 = ____
16. 8 groups of 2 = ____
17. 8 groups of 3 = ____
18. 8 groups of 4 = ____
19. 8 groups of 5 = ____
20. 8 groups of 6 = ____
21. 8 groups of 7 = ____
22. 8 groups of 8 = ____
23. 8 groups of 9 = ____
24. 8 groups of 10 = ____
25. 8 groups of 11 = ____

26. 8 groups of 12 = ____
27. 8 ants = _____ legs
28. 8 men = _____ toes
29. 8 dozen = _____
30. 8 x _____ = 16
31. 8 x _____ = 8
32. 8 x _____ = 80
33. 8 x _____ = 24
34. 8 x _____ = 48
35. 8 x _____ = 56
36. 8 x _____ = 88
37. 8 x _____ = 64
38. 8 x _____ = 0
39. 8 x _____ = 40
40. 8 x _____ = 96
41. 8 x _____ = 72
42. 8 x _____ = 32
43. 96 ÷ 8 = _____
44. 88 ÷ 8 = _____
45. 24 ÷ 8 = _____
46. 40 ÷ 8 = _____
47. 32 ÷ 8 = _____
48. 64 ÷ 8 = _____
49. 48 ÷ 8 = _____
50. 56 ÷ 8 = _____

Complete the magic squares below.

1.

	1	8
	5	
2	9	

2.

12		
	10	
4	18	8

3.

16		12
9		
14		

My score: _____ My time: _____ min _____ s

The main thing I didn't understand was _____.

I now know that _____

_____.

1.　8 x 3 = _____

2.　8 x 6 = _____

3.　8 x 0 = _____

4.　8 x 9 = _____

5.　4 x 8 = _____

6.　8 x 4 = _____

7.　11 x 8 = _____

8.　7 x 8 = _____

9.　8 x 7 = _____

10.　8 x 12 = _____

11.　8 x 10 = _____

12.　8 x 5 = _____

13.　5 x 8 = _____

14.　9 x 8 = _____

15.　8 x 2 = _____

16.　12 x 8 = _____

17.　8 x 8 = _____

18.　8 x 7 = _____

19.　8 x 9 = _____

20.　8 x 6 = _____

21.　8 x 8 = _____

22.　10 x 8 = _____

23.　6 x 8 = _____

24.　7 x 8 = _____

25.　9 x 8 = _____

26.　6 x 8 = _____

27.　8 x 5 = _____

28.　3 x 8 = _____

29.　5 x 8 = _____

30.　0 x 8 = _____

31.　8 + 8 = _____

32.　8 + 8 + 8 + 8 = _____

33.　8 + 8 + 8 = _____

34.　Water boils at _____C°

35.　Water freezes at ___C°

36.　48 ÷ 8 = _____

37.　24 ÷ 8 = _____

38.　72 ÷ 8 = _____

39.　56 ÷ 8 = _____

40.　32 ÷ 8 = _____

41.　64 ÷ 8 = _____

42.　40 ÷ 8 = _____

43.　10^2 = _____

44.　8^2 = _____

45.　4^2 = _____

46.　6^2 = _____

47.　2^2 = _____

48.　3^2 = _____

49.　5^2 = _____

50.　1^2 = _____

Calculator Words

Use your calculator to do the calculations below.

Turn the calculator upside down and you will see that the answer spells a word.

Write the word on the line.

(a)　3 x 623 x 3

　　= _____

(b)　19 x 15 x 13

　　= _____

(c)　1,000 + 127 x 9 x 5

　　= _____

(d)　2,690 + 3 x 13

　　= _____

My score: _____　My time: _____ min _____ s

The main thing I didn't understand was _____.

I now know that _____

_____

1. 8 groups of 1 = _____
2. 0 groups of 8 = _____
3. 8 groups of 7 = _____
4. 8 groups of 9 = _____
5. 7 groups of 8 = _____
6. 8 groups of 3 = _____
7. 5 groups of 8 = _____
8. 8 groups of 8 = _____
9. 10 groups of 8 = _____
10. 8 groups of 4 = _____
11. 8 groups of 7 = _____
12. 6 groups of 8 = _____
13. 9 groups of 8 = _____
14. 8 groups of 10 = _____
15. 11 groups of 8 = _____
16. 8 groups of 0 = _____
17. 3 groups of 8 = _____

18. 8 groups of 5 = _____
19. 8 groups of 4 = _____
20. 12 groups of 8 = _____
21. 8 groups of 2 = _____
22. 6 groups of 8 = _____
23. 9 groups of 8 = _____
24. 7 groups of 8 = _____
25. 4 groups of 8 = _____
26. 8 groups of 8 = _____
27. 8 groups of 12 = _____
28. 2 groups of 8 = _____
29. 8 groups of 6 = _____
30. 8 groups of 8 = _____
31. $16 \div 8 =$ _____
32. $80 \div 8 =$ _____
33. $24 \div 8 =$ _____
34. $56 \div 8 =$ _____

35. $72 \div 8 =$ _____
36. $48 \div 8 =$ _____
37. $64 \div 8 =$ _____
38. $40 \div 8 =$ _____
39. $32 \div 8 =$ _____
40. $8 \div 8 =$ _____
41. a triangle = ___ sides
42. a hexagon = ___ sides
43. a square = ___ sides
44. a decagon = ___ sides

Find the square root of...

45. 4 = _____
46. 64 = _____
47. 9 = _____
48. 100 = _____
49. 25 = _____
50. 36 = _____

Parallel Lines are lines that remain the same distance apart. They will never meet. Some everyday examples are

railroad tracks  and the sides of a ruler.

Can you think of two more? _____ and _____

My score: _____ My time: _____ min _____ s

The main thing I didn't understand was _____.

I now know that _____

_____

1. 8 lots of 5 = _____
2. 8 lots of 7 = _____
3. 3 lots of 8 = _____
4. 8 lots of 6 = _____
5. 10 lots of 8 = _____
6. 8 lots of 7 = _____
7. 8 lots of 0 = _____
8. 7 lots of 8 = _____
9. 8 lots of 12 = _____
10. 8 lots of 3 = _____
11. 8 lots of 6 = _____
12. 8 lots of 9 = _____
13. 8 lots of 2 = _____
14. 9 lots of 8 = _____
15. 8 lots of 8 = _____
16. 8 lots of 3 = _____
17. 4 lots of 8 = _____
18. 6 lots of 8 = _____
19. 7 lots of 8 = _____
20. 8 lots of 9 = _____
21. 8 lots of 2 = _____
22. 8 lots of 4 = _____
23. 8 lots of 8 = _____
24. 8 lots of 11 = _____
25. 3 lots of 8 = _____

26. 8 lots of 9 = _____
27. 5 lots of 8 = _____
28. 12 lots of 8 = _____
29. 8 lots of 8 = _____
30. 8 lots of 7 = _____
31. 0 lots of 8 = _____
32. 5 lots of 8 = _____
33. 8 lots of 4 = _____
34. 2 lots of 8 = _____
35. 9 lots of 8 = _____
36. 2 lots of 8 = _____
37. 7 lots of 8 = _____
38. 1 lot of 8 = _____
39. 8 lots of 10 = _____
40. 8 lots of 2 = _____
41. 2 x 4 x 3 = _____
42. 4 x 2 x 5 = _____
43. 2 x 4 x 6 = _____
44. 8 x 2 x 1 = _____
45. 8^2 = _____
46. 2^2 = _____
47. 4^2 = _____
48. 10^2 = _____
49. 5^2 = _____
50. 1^2 = _____

Parallel Lines

Optical Illusion

Draw horizontal and vertical lines through the spot that passes through both diagonal lines. Something unusual will happen to the parallel lines.

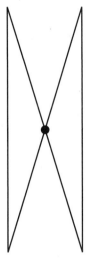

My score: _____ My time: _____ min _____ s

The main thing I didn't understand was _____.

I now know that _____

_____.

1.　3 x 8 = _____
2.　8 x 8 = _____
3.　0 x 8 = _____
4.　4 x 8 = _____
5.　9 x 8 = _____
6.　12 x 8 = _____
7.　9 x 8 = _____
8.　5 x 8 = _____
9.　10 x 8 = _____
10.　6 x 8 = _____
11.　8 x 8 = _____
12.　5 x 8 = _____
13.　7 x 8 = _____
14.　11 x 8 = _____
15.　10 x 8 = _____
16.　6 x 8 = _____
17.　8 x 8 = _____
18.　12 x 8 = _____
19.　9 x 8 = _____
20.　7 x 8 = _____
21.　2^2 = _____
22.　5^2 = _____
23.　8^2 = _____
24.　1^2 = _____
25.　6^2 = _____

26.　10^2 = _____
27.　3^2 = _____
28.　4^2 = _____
29.　9^2 = _____
30.　2^3 = _____
31.　8 x 7 = _____
32.　8 x 2 = _____
33.　8 x 9 = _____
34.　8 x 6 = _____
35.　8 x 12 = _____
36.　8 x 11 = _____
37.　8 x 0 = _____
38.　8 x 10 = _____
39.　8 x 8 = _____
40.　8 x 9 = _____
41.　8 x 5 = _____
42.　8 x 7 = _____
43.　8 x 4 = _____
44.　8 x 9 = _____
45.　8 x 8 = _____
46.　8 x 6 = _____
47.　8 x 12 = _____
48.　8 x 7 = _____
49.　8 x 5 = _____
50.　8 x 3 = _____

51.　8 + 8 = _____
52.　8¢ + 8¢ = _____
53.　$8 + $8 = _____
54.　2 x 8¢ = _____
55.　2 x $8 = _____
56.　10^2 = _____
57.　20^2 = _____
58.　30^2 = _____
59.　40^2 = _____
60.　50^2 = _____
61.　8 x 8 = _____
62.　5 x 8 = _____
63.　8 x 5 = _____
64.　9 x 8 = _____
65.　8 x 12 = _____
66.　7 x 8 = _____
67.　8 x 7 = _____
68.　6 x 8 = _____
69.　9 x 8 = _____
70.　8 x 7 = _____
71.　8 x 6 = _____
72.　4 x 8 = _____
73.　10 x 8 = _____
74.　8 x 11 = _____
75.　8 x 4 = _____

76.　3 x 8 = _____
77.　8 x 9 = _____
78.　9 x 8 = _____
79.　8 x 3 = _____
80.　12 x 8 = _____
81.　60^2 = _____
82.　80^2 = _____
83.　90^2 = _____
84.　100^2 = _____
85.　800 + 7 = _____
86.　2 + 300 = _____
87.　5 + 200 = _____
88.　800 + 8 = _____
89.　70 + 80 = _____
90.　6 + 800 = _____
91.　10 − 8 = _____
92.　20 − 8 = _____
93.　50 − 8 = _____
94.　70 − 8 = _____
95.　90 − 8 = _____
96.　60 − 8 = _____
97.　40 − 8 = _____
98.　30 − 8 = _____
99.　100 − 8 = _____
100.　80 − 8 = _____

My score: _____ My time: _____ min _____ s

The main thing I didn't understand was _____.

I now know that _____
_____.

1. 2 groups of 3 = _____

2. 4 groups of 3 = _____

3. 8 groups of 3 = _____

4. 2 groups of 6 = _____

5. 4 groups of 6 = _____

6. 8 groups of 6 = _____

7. 2 groups of 7 = _____

8. 4 groups of 7 = _____

9. 8 groups of 7 = _____

10. 2 groups of 4 = _____

11. 4 groups of 4 = _____

12. 8 groups of 4 = _____

13. 2 groups of 2 = _____

14. 4 groups of 2 = _____

15. 8 groups of 2 = _____

16. 2 groups of 9 = _____

17. 4 groups of 9 = _____

18. 8 groups of 9 = _____

19. 2 groups of 8 = _____

20. 4 groups of 8 = _____

21. 8 groups of 8 = _____

22. 2 groups of 5 = _____

23. 4 groups of 5 = _____

24. 8 groups of 5 = _____

25. 2 groups of 1 = _____

26. 4 groups of 1 = _____

27. 8 groups of 1 = _____

28. 2 groups of 0 = _____

29. 4 groups of 0 = _____

30. 8 groups of 0 = _____

31. 2 groups of 10 = _____

32. 4 groups of 10 = _____

33. 8 groups of 10 = _____

34. 2 groups of 12 = _____

35. 4 groups of 12 = _____

36. 8 groups of 12 = _____

Change these minutes...

37. 64 = _____ h _____ min

38. 72 = _____ h _____ min

39. 84 = _____ h _____ min

40. 91 = _____ h _____ min

41. 100 = _____ h _____ min

42. 108 = _____ h _____ min

43. 110 = _____ h _____ min

44. 115 = _____ h _____ min

45. 121 = _____ h _____ min

46. 10^2 = _____

47. 1^2 = _____

48. 3^2 = _____

49. 30^2 = _____

50. 5^2 = _____

Color the 2x tables answers to get to the end of the maze.

Start	2	7	31	55	71	89	11	33	19	90	16	32	29	85	43	55
	14	17	3	46	64	38	94	22	15	80	17	48	34	9	69	91
	18	98	38	52	55	31	79	36	3	18	9	19	20	44	11	75
	49	81	89	43	79	41	77	8	10	4	75	97	13	68	90	4	Finish

My score: _____ My time: _____ min _____ s

The main thing I didn't understand was _____.

I now know that _____

_____.

1. ten twos = _____
2. six threes = _____
3. one eight = _____
4. two zeros = _____
5. four eights = _____
6. nine fours = _____
7. four zeros = _____
8. two twos = _____
9. three ones = _____
10. ten eights = _____
11. two fours = _____
12. nine nines = _____
13. four twos = _____
14. nine fives = _____
15. four threes = _____
16. ten threes = _____
17. nine eights = _____
18. six twos = _____
19. eight eights = _____
20. five fours = _____
21. five sevens = _____
22. eight fives = _____
23. seven twos = _____
24. ten fours = _____
25. four fours = _____

26. 5 x 3 = _____
27. 0 x 8 = _____
28. 7 x 3 = _____
29. 12 x 8 = _____
30. 11 x 2 = _____
31. 3 x 8 = _____
32. 9 x 2 = _____
33. 2 x 3 = _____
34. 8 x 3 = _____
35. 5 x 8 = _____
36. 3 x 2 = _____
37. 0 x 3 = _____
38. 6 x 8 = _____
39. 1 x 4 = _____
40. 8 x 4 = _____
41. the symbol for plus = ____
42. minus = _____
43. times = _____
44. divided by = _____
45. is not equal to = ____
46. equals = _____
47. greater than = _____
48. less than = _____
49. degrees = _____
50. centimeters = _____

Calculate your Volume

Our bodies are mostly made up of water. We take up about the same amount of space as a similar weight in water. One liter of water weighs one kilogram and occupies one thousand cubic centimeters (written as 1,000 cm³).

To calculate your volume, weigh yourself in kilograms then multiply this number by 1,000.
Your answer will be in cm³ so write "cm³" after it.

I weigh

_____ .

My volume is approximately

_____ .

My score: _____   My time: _____ min _____ s

The main thing I didn't understand was _____ .

I now know that _____
_____ .

0 x 7 = 0	7 x 0 = 0	0 ÷ 7 = 0	7 ÷ 1 = 7
1 x 7 = 7	7 x 1 = 7	7 ÷ 7 = 1	14 ÷ 2 = 7
2 x 7 = 14	7 x 2 = 14	14 ÷ 7 = 2	21 ÷ 3 = 7
3 x 7 = 21	7 x 3 = 21	21 ÷ 7 = 3	28 ÷ 4 = 7
4 x 7 = 28	7 x 4 = 28	28 ÷ 7 = 4	35 ÷ 5 = 7
5 x 7 = 35	7 x 5 = 35	35 ÷ 7 = 5	42 ÷ 6 = 7
6 x 7 = 42	7 x 6 = 42	42 ÷ 7 = 6	49 ÷ 7 = 7
7 x 7 = 49	7 x 7 = 49	49 ÷ 7 = 7	56 ÷ 8 = 7
8 x 7 = 56	7 x 8 = 56	56 ÷ 7 = 8	63 ÷ 9 = 7
9 x 7 = 63	7 x 9 = 63	63 ÷ 7 = 9	70 ÷ 10 = 7
10 x 7 = 70	7 x 10 = 70	70 ÷ 7 = 10	77 ÷ 11 = 7
11 x 7 = 77	7 x 11 = 77	77 ÷ 7 = 11	84 ÷ 12 = 7
12 x 7 = 84	7 x 12 = 84	84 ÷ 7 = 12	

63	56	49	57	42	35	21	28	84	77
70	9	42	55	21	58	61	65	66	70
77	5	28	54	7	59	52	49	56	63
84	6	35	21	14	60	64	42	67	68
21	5	10	11	50	48	47	35	69	17
28	35	42	51			46	28	27	37
4	3	49	52			45	21	67	47
70	63	56	53			7	14	12	37
63	2	1	37	36	34	38	39	40	41
56	49	42	35	28	33	35	42	49	43
12	13	36	30	21	32	28	31	56	44
15	16	19	22	77	84	21	30	63	70
17	18	20	23	24	25	26	27	29	7

Jim loves playing baseball. He is going to a game to watch Bruce play. He is going to follow a path made up of numbers that are answers to seven times tables. Color these numbers to show the route he follows.
You can only travel up, down and across, not diagonally.

My score: _____ My time: _____ min _____ s

The main thing I didn't understand was _____.

I now know that _____

_____

1.   0 x 7 = _____

2.   1 x 7 = _____

3.   2 x 7 = _____

4.   3 x 7 = _____

5.   4 x 7 = _____

6.   5 x 7 = _____

7.   6 x 7 = _____

8.   7 x 7 = _____

9.   8 x 7 = _____

10. 9 x 7 = _____

11. 10 x 7 = _____

12. 11 x 7 = _____

13. 12 x 7 = _____

14. 7 lots of 0 = _____

15. 7 lots of 1 = _____

16. 7 lots of 2 = _____

17. 7 lots of 3 = _____

18. 7 lots of 4 = _____

19. 7 lots of 5 = _____

20. 7 lots of 6 = _____

21. 7 lots of 7 = _____

22. 7 lots of 8 = _____

23. 7 lots of 9 = _____

24. 7 lots of 10 = _____

25. 7 lots of 11 = _____

26. 7 lots of 12 = _____

27. 7 score = _____

28. 7 decades = _____ yrs

29. 7 dozen = _____

30. 7 ÷ 7 = _____

31. 14 ÷ 7 = _____

32. 28 ÷ 7 = _____

33. 77 ÷ 7 = _____

34. 56 ÷ 7 = _____

35. 84 ÷ 7 = _____

36. 42 ÷ 7 = _____

37. 21 ÷ 7 = _____

38. 35 ÷ 7 = _____

39. 63 ÷ 7 = _____

40. 49 ÷ 7 = _____

41. 70 ÷ 7 = _____

42. 7 x _____ = 28

43. 7 x _____ = 49

44. 7 x _____ = 70

45. 7 x _____ = 14

46. 7 x _____ = 35

47. 7 x _____ = 21

48. 7 x _____ = 56

49. 7 x _____ = 42

50. 7 x _____ = 63

Simon Stevin, or Stevinus, was a Dutch mathematician who lived in the 1500s.

He invented the system we use today to write fractions based on the number 10.

This system uses a decimal point to separate whole numbers from decimal

fraction parts.

decimal point

whole number → 2 6 5 ⬇ 3 1 2 ← decimal fraction

My score: _____   My time: _____ min _____ s

The main thing I didn't understand was _____.

I now know that _____

_____.

Find the product of...

1. 7 and 4 _____

2. 7 and 8 _____

3. 7 and 11 _____

4. 7 and 5 _____

5. 7 and 9 _____

6. 7 and 0 _____

7. 7 and 6 _____

8. 7 and 12 _____

9. 7 and 10 _____

10. 7 and 7 _____

11. 7 and 3 _____

12. 0 x 7 = _____

13. 6 x 7 = _____

14. 11 x 7 = _____

15. 7 x 7 = _____

16. 12 x 7 = _____

17. 10 x 7 = _____

18. 3 x 7 = _____

19. 5 x 7 = _____

20. 4 x 7 = _____

21. 9 x 7 = _____

22. 8 x 7 = _____

Write the quotient for...

23. 84 ÷ 7 = _____

24. 77 ÷ 7 = _____

25. 21 ÷ 7 = _____

26. 35 ÷ 7 = _____

27. 70 ÷ 7 = _____

28. 63 ÷ 7 = _____

29. 28 ÷ 7 = _____

30. 42 ÷ 7 = _____

31. 56 ÷ 7 = _____

32. 49 ÷ 7 = _____

33. 7 x 2 = _____

34. 7 x 20 = _____

35. 7 x 200 = _____

36. 7 x 3 = _____

37. 7 x 30 = _____

38. 7 x 300 = _____

39. 7 x 4 = _____

40. 7 x 40 = _____

41. 7 x 400 = _____

42. 7 x 5 = _____

43. 7 x 50 = _____

44. 7 x 500 = _____

45. 7 x 6 = _____

46. 7 x 60 = _____

47. 7 x 600 = _____

48. 7 x 7 = _____

49. 7 x 70 = _____

50. 7 x 700 = _____

Decimal Fraction — The first column to the right of the decimal point stands for tenths.

0.1 means no whole things and one tenth, written as $\frac{1}{10}$.

What decimal fraction of this cake has spotty icing?

$\frac{6}{10}$ or _____

My score: _____ My time: _____ min _____ s

The main thing I didn't understand was _____.

I now know that _____

1. 7 lots of 7 = _____

2. 7 lots of 3 = _____

3. 7 lots of 10 = _____

4. 4 lots of 7 = _____

5. 1 lot of 7 = _____

6. 7 lots of 5 = _____

7. 7 lots of 7 = _____

8. 9 lots of 7 = _____

9. 5 lots of 7 = _____

10. 6 lots of 7 = _____

11. 7 lots of 8 = _____

12. 4 lots of 7 = _____

13. 7 lots of 12 = _____

14. 7 lots of 7 = _____

15. 2 lots of 7 = _____

16. 3 lots of 7 = _____

17. 6 lots of 7 = _____

18. 9 lots of 7 = _____

19. 8 lots of 7 = _____

20. 7 lots of 4 = _____

21. 7 lots of 2 = _____

22. 11 lots of 7 = _____

23. 7 lots of 6 = _____

24. 3 lots of 7 = _____

25. 7 lots of 2 = _____

26. Halve six = _____

27. Halve twenty = _____

28. Halve eighteen = _____

29. Halve twelve = _____

30. Halve sixteen = _____

31. 4 x 70 = _____

32. 6 x 70 = _____

33. 8 x 70 = _____

34. 12 x 70 = _____

35. 10 x 70 = _____

36. 2 x 70 = _____

37. 5 x 70 = _____

38. 7 x 70 = _____

39. 9 x 70 = _____

40. 3 x 70 = _____

41. 7 x _____ = 84

42. 7 x _____ = 35

43. 7 x _____ = 7

44. 7 x _____ = 56

45. 7 x _____ = 42

46. 7 x _____ = 63

47. 7 x _____ = 28

48. 7 x _____ = 70

49. 7 x _____ = 49

50. 7 x _____ = 21

Decimal Fractions — The second column in a decimal fraction stands for hundredths. 0.01 means no whole numbers, no tenths and 1 hundredth, written $^1/_{100}$. 0.23 means no whole numbers, two tenths (which is the same as twenty hundredths) and three hundredths or twenty-three hundredths altogether, written $^{23}/_{100}$.

My score: _____ My time: _____ min _____ s

The main thing I didn't understand was _____.

I now know that _____

_____.

1. 6 times 7 = _____

2. 7 times 3 = _____

3. 7 times 7 = _____

4. 4 times 7 = _____

5. 3 times 7 = _____

6. 8 times 7 = _____

7. 7 times 12 = _____

8. 5 times 7 = _____

9. 9 times 7 = _____

10. 7 times 0 = _____

11. 7 times 8 = _____

12. 6 times 7 = _____

13. 10 times 7 = _____

14. 7 times 11 = _____

15. 7 times 5 = _____

16. 0 times 7 = _____

17. 7 times 9 = _____

18. 2 times 7 = _____

19. 4 times 7 = _____

20. 7 times 6 = _____

Write in 24-hr time...

21. 1:30 p.m. = _____

22. 4:15 p.m. = _____

23. 6:00 p.m. = _____

24. 6:30 a.m. = _____

25. 9:45 p.m. = _____

A = Acute   O = Obtuse

26. 72° = _____

27. 98° = _____

28. 15° = _____

29. 89° = _____

30. 152° = _____

31. 91° = _____

32. 49 ÷ 7 = _____

33. 28 ÷ 7 = _____

34. 77 ÷ 7 = _____

35. 42 ÷ 7 = _____

36. 70 ÷ 7 = _____

37. 35 ÷ 7 = _____

38. 63 ÷ 7 = _____

39. 21 ÷ 7 = _____

40. 56 ÷ 7 = _____

	Length	Width	Area (m²)
41.	5 m	6 m	m²
42.	4 m	3 m	m²
43.	7 m	5 m	m²
44.	3 m	7 m	m²
45.	3 m	6 m	m²
46.	10 m	7 m	m²
47.	8 m	7 m	m²
48.	5 m	4 m	m²
49.	7 m	7 m	m²
50.	8 m	2 m	m²

Decimal Fractions

The third column in a decimal fraction stands for thousandths.

0.003 means no whole numbers, no tenths, no hundredths and three thousandths, written $^3/_{1,000}$.

Write these decimals fractions as thousandths.

1. 0.002 = _____

2. 0.005 = _____

3. 0.007 = _____

4. 0.009 = _____

5. 0.026 = _____

6. 0.075 = _____

7. 0.013 = _____

8. 0.067 = _____

9. 0.245 = _____

10. 0.316 = _____

11. 0.425 = _____

12. 0.718 = _____

My score: _____ My time: _____ min _____ s

The main thing I didn't understand was _____.

I now know that _____

_____.

Math Speed Tests – Book 2

1. 1 x 7 = _____	26. 6 x 7 = _____	51. 70 x 2 = _____	76. 7 x 8 = _____
2. 10 x 7 = _____	27. 3 x 7 = _____	52. 70 x 3 = _____	77. 8 x 7 = _____
3. 2 x 7 = _____	28. 9 x 7 = _____	53. 70 x 4 = _____	78. 7 x 10 = _____
4. 12 x 7 = _____	29. 11 x 7 = _____	54. 70 x 7 = _____	79. 7 x 9 = _____
5. 7 x 12 = _____	30. 0 x 7 = _____	55. 70 x 12 = _____	80. 9 x 7 = _____
6. 9 x 7 = _____	31. 7 x 10 = _____	56. 70 x 8 = _____	81. 7 x 11 = _____
7. 7 x 7 = _____	32. 7 x 90 = _____	57. 70 x 6 = _____	82. 7 x 12 = _____
8. 7 x 1 = _____	33. 7 x 20 = _____	58. 70 x 11 = _____	83. 12 x 7 = _____
9. 7 x 9 = _____	34. 7 x 50 = _____	59. 70 x 9 = _____	84. 11 x 7 = _____
10. 7 x 12 = _____	35. 7 x 80 = _____	60. 70 x 5 = _____	85. 7 x 7 = _____
11. 7 x 7 = _____	36. 7 x 30 = _____	61. 0 x 7 = _____	86. 84 ÷ 7 = _____
12. 7 x 2 = _____	37. 7 x 120 = _____	62. 10 x 7 = _____	87. 8 + 7 = _____
13. 8 x 7 = _____	38. 7 x 70 = _____	63. 1 x 7 = _____	88. 6 x 7 = _____
14. 7 x 8 = _____	39. 7 x 40 = _____	64. 11 x 7 = _____	89. 7 – 6 = _____
15. 7 x 7 = _____	40. 7 x 60 = _____	65. 2 x 7 = _____	90. 77 ÷ 7 = _____
16. 7 x 11 = _____	41. 7^2 = _____	66. 12 x 7 = _____	91. 100 – 30 = _____
17. 8 x 7 = _____	42. 7 + 7 = _____	67. 3 x 7 = _____	92. 100 – 32 = _____
18. 4 x 7 = _____	43. 700 + 7 = _____	68. 7 x 3 = _____	93. 100 – 40 = _____
19. 7 x 3 = _____	44. 7 tens = _____	69. 4 x 7 = _____	94. 100 – 42 = _____
20. 7 x 8 = _____	45. 7 ones = _____	70. 7 x 4 = _____	95. 100 – 60 = _____
21. 7 x 4 = _____	46. 7 twos = _____	71. 5 x 7 = _____	96. 100 – 62 = _____
22. 5 x 7 = _____	47. 7 fives = _____	72. 7 x 5 = _____	97. 100 – 20 = _____
23. 7 x 5 = _____	48. 7 ones = _____	73. 6 x 7 = _____	98. 100 – 22 = _____
24. 7 x 10 = _____	49. 7 sixes = _____	74. 7 x 6 = _____	99. 100 – 50 = _____
25. 7 x 6 = _____	50. 70^2 = _____	75. 7 x 7 = _____	100. 100 – 52 = _____

My score: _____   My time: _____ min _____ s

The main thing I didn't understand was _____.

I now know that _____

_____.

1. 3^2 = _____

2. 1^2 = _____

3. 5^2 = _____

4. 2^2 = _____

5. 4^2 = _____

6. 10^2 = _____

7. 6^2 = _____

8. 8^2 = _____

9. 7^2 = _____

10. 9^2 = _____

11. 86 – 20 = _____

12. 95 – 20 = _____

13. 38 – 20 = _____

14. 47 – 20 = _____

15. 59 – 20 = _____

16. 76 – 20 = _____

17. 27 – 20 = _____

18. 64 – 20 = _____

19. 63 – 20 = _____

20. 91 – 20 = _____

21. 20 x 30 = _____

22. 20 x 90 = _____

23. 20 x 40 = _____

24. 30 x 30 = _____

25. 20 x 50 = _____

26. 30 x 50 = _____

27. 40 x 30 = _____

28. 20 x 60 = _____

29. 30 x 90 = _____

30. 20 x 70 = _____

31. 30 x 70 = _____

32. 20 x 80 = _____

33. 30 x 40 = _____

34. 30 x 80 = _____

35. 30 x 60 = _____

36. 40 x 40 = _____

37. 40 x 80 = _____

38. 40 x 60 = _____

39. 40 x 90 = _____

40. 40 x 50 = _____

41. 50 x 70 = _____

42. 40 x 70 = _____

43. 90 x 70 = _____

44. 50 x 50 = _____

45. 50 x 90 = _____

46. 80 x 80 = _____

47. 50 x 60 = _____

48. 50 x 80 = _____

49. 70 x 70 = _____

50. 90 x 90 = _____

Ordinal numbers are used to tell the order or the position of things in a group.
They are numbers like 1st, 2nd, 3rd, etc. Use ordinal numbers to describe these days.

(a) The day in January that is New Year's Day. _____

(b) The day in July that is a national holiday. _____

(c) The day in February that is Valentine's Day. _____

My score: _____ My time: _____ min _____ s

The main thing I didn't understand was _____.

I now know that _____

_____

	Total of marbles	Marbles in each bag	Number of bags
1.		4	2
2.		8	2
3.		9	10
4.		5	10
5.		6	2
6.		7	2
7.		4	10
8.		6	7
9.		4	5
10.		8	3

How many 5¢ coins make:

11. 50¢ = _____

12. 45¢ = _____

13. 10¢ = _____

14. 35¢ = _____

15. 20¢ = _____

16. 15¢ = _____

17. 30¢ = _____

18. 25¢ = _____

19. 40¢ = _____

20. 5¢ = _____

21. 2 weeks = ____ days

22. 9 weeks = ____ days

23. 3 weeks = ____ days

24. 8 weeks = ____ days

25. 4 weeks = ____ days

26. 7 weeks = ____ days

27. 5 weeks = ____ days

28. 10 weeks = ____ days

29. 6 weeks = ____ days

30. 3 dogs = ____ legs

31. 1 dog = ____ legs

32. 6 dogs = ____ legs

33. 2 dogs = ____ legs

34. 4 dogs = _____ legs

35. 7 dogs = _____ legs

36. 5 dogs = _____ legs

37. 10 dogs = ____ legs

38. 8 dogs = _____ legs

39. 9 dogs = _____ legs

40. (7 x 100) + 86 = ____

41. (6 x 100) + 47 = ____

42. (3 x 100) + 35 = ____

43. (5 x 100) + 78 = ____

44. (2 x 100) + 21 = ____

45. (4 x 100) + 62 = ____

46. (8 x 100) + 14 = ____

47. (9 x 100) + 53 = ____

48. A year = _____ days

49. A leap year = ___ days

50. A year = ____ weeks

Lines–1

There are two main types of lines.
Straight lines and *curved* lines.
Draw a picture made up entirely of
straight lines.

My score: _____ My time: _____ min _____ s

The main thing I didn't understand was _____.

I now know that _____
_____.

1. 8 x 7 = _____

2. 10 x 8 = _____

3. 0 x 7 = _____

4. 10 x 7 = _____

5. 9 x 9 = _____

6. 5 x 10 = _____

7. 1 x 7 = _____

8. 4 x 8 = _____

9. 6 x 6 = _____

10. 2 x 7 = _____

11. 10 x 10 = _____

12. 5 x 8 = _____

13. 7 x 8 = _____

14. 3 x 6 = _____

15. 6 x 5 = _____

16. 3 x 7 = _____

17. 3 x 8 = _____

18. 8 x 8 = _____

19. 3 x 9 = _____

20. 5 x 3 = _____

Abbreviation for...

21. year = _____

22. week = _____

23. month = _____

24. centimeter = _____

25. milliliter = _____

26. kilometer = _____

27. hectare = _____

28. square meter = _____

29. minute = _____

30. millimeter = _____

31. $^1/_2$ of 60 = _____

32. $^1/_2$ of 80 = _____

33. $^1/_2$ of 40 = _____

34. $^1/_2$ of 100 = _____

35. $^1/_2$ of 20 = _____

36. 2^2 = _____

37. 4^2 = _____

38. 9^2 = _____

39. 3^2 = _____

40. 5^2 = _____

41. 184 cm = _____ m

42. 123 cm = _____ m

43. 159 cm = _____ m

44. 108 cm = _____ m

45. 132 cm = _____ m

46. 287 cm = _____ m

47. 291 cm = _____ m

48. 245 cm = _____ m

49. 264 cm = _____ m

50. 376 cm = _____ m

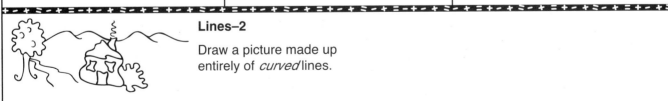

Lines–2

Draw a picture made up entirely of *curved* lines.

My score: _____   My time: _____ min _____ s

The main thing I didn't understand was _____.

I now know that _____

_____.

1.   8 x 9 = _____

2.   9 x 5 = _____

3.   0 x 7 = _____

4.   8 x 5 = _____

5.   7 x 6 = _____

6.   8 x 8 = _____

7.   4 x 9 = _____

8.   9 x 4 = _____

9.   4 x 7 = _____

10. 9 x 9 = _____

11. 5 x 8 = _____

12. 4 x 5 = _____

13. 7 x 9 = _____

14. 9 x 8 = _____

15. 3 x 5 = _____

16. 8 x 7 = _____

17. 5 x 9 = _____

18. 4 x 8 = _____

19. 3 x 3 = _____

20. 7 x 7 = _____

21. 5 x 7 = _____

22. 8 x 6 = _____

23. 3 x 6 = _____

24. 4 x 6 = _____

25. 9 x 7 = _____

26. 5 x 6 = _____

27. 1 x 1 = _____

28. 2 x 2 = _____

29. 7 x 8 = _____

30. 9 x 6 = _____

31. 10 – 7 = _____

32. 20 – 7 = _____

33. 30 – 7 = _____

34. 40 – 7 = _____

35. 50 – 7 = _____

36. 60 – 7 = _____

37. 70 – 7 = _____

38. 80 – 7 = _____

39. 90 – 7 = _____

40. 100 – 7 = _____

41. 1^2 = _____

42. 1^3 = _____

43. 2^2 = _____

44. 2^3 = _____

45. 10^3 = _____

46. 4 x 25 = _____

47. 8 x 25 = _____

48. 12 x 25 = _____

49. 16 x 25 = _____

50. 20 x 25 = _____

Tickets, Rows and Seats

The plan below is of seats at the Tiny Tots Theater. The ticket seller colors the boxes that stand for seats as they are sold.

Color the boxes.

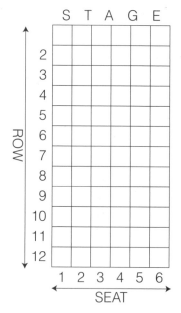

ROW	SEAT(S)
1	1, 2, 3, 6
2	sold out
3	4, 5
4	sold out
5	1, 3
6 + 7	sold out
8	2, 5
9 + 10	empty
11	1, 2, 4, 6
12	1, 3, 5

My score: _____ My time: _____ min _____ s

The main thing I didn't understand was _____.

I now know that _____

_____.

Test	1	2	3	4	6	7	8	9	11	12	13	14	15	16	18	19	20
1.	10	24	10	0	0	0	44	40	0	8	0	40	20	16	0	55	25
2.	2	16	0	22	4	36	40	32	0	16	10	100	60	4	5	20	10
3.	4	0	10	14	8	44	24	0	22	6	20	10	18	8	10	35	40
4.		10	18	6	12	40	28	8	4	12	30	90	8	10	15	40	0
5.	8	2	22	18	16	28	48	12	24	32	40	20	8	20	20	45	30
6.	10	10	14	16	20	48	32	44	8	18	50	120	4	0	25	10	55
7.	12	20	18	8	24	16	12	28	6	2	60	50	16	20	30	30	15
8.	14	24	20	24	28	32	20	16	12	12	70	120	12	8	35	50	60
9.	16	12	24	10	32	24	36	20	48	24	80	80	50	50	40	40	50
10.	18	16	4	16	36	20	16	24	16	36	90	60	24	70	45	15	15
11.	20	4	6	24	40	36	3	36	10	8	100	100	30	0	50	45	50
12.	22	12	20	14	44	24	10	48	20	44	110	70	28	14	55	30	20
13.	24	18	22	18	48	36	4	0	12	16	120	60	12	28	60	40	20
14.	24	14	18	22	48	40	9	8	24	28	10	20	6	36	60	45	30
15.	22	14	8	14	44	0	2	28	14	24	20	80	20	2	55	20	40
16.	20	22	16	12	40	48	6	36	28	14	30	10	70	6	50	0	40
17.	18	14	20	20	36	16	8	12	16	10	40	90	40	12	45	40	45
18.	16	14	12	4	32	8	12	16	32	20	50	40	14	16	40	5	45
19.	14	6	0	16	28	28	5	24	18	20	60	70	10	32	35	50	35
20.	12	18	12	6	24	12	7	32	36	40	70	0	80	100	30	30	35
21.	10	12	0	10	20	20	80	20	20	7	80	90	90	30	25	35	10
22.	8	16	14	8	16	32	360	40	40	4	90	30	16	36	20	60	2
23.	6	12	20	14	12	24	120	80	6	6	100	110	32	90	15	40	18
24.	4	16	8	20	8	28	160	120	12	1	110	50	100	80	10	30	4
25.	2	6	16	18	4	32	40	160	8	5	120	60	36	18	5	60	12
26.	8	20	14	2	0	24	320	200	16	12	40	110	185	32	20	25	16
27.	9	8	24	20	16	28	400	240	4	9	50	0	184	10	35	35	8
28.	10	18	18	0	28	36	240	280	8	3	70	100	167	40	25	15	20
29.	8	18	16	16	40	28	280	320	20	8	90	70	166	16	50	25	14
30.	11	22	6	12	32	12	200	360	200	10	0	30	148	18	0	0	6
31.	13	8	5	10	36	2	3	10	40	3	2	$0.03	147	0	3	150	348
32.	23	6	3	6	24	10	15	5	400	6	5	$0.07	196	60	7	350	562
33.	33	18	7	4	40	5	5	1	80	12	9	$0.00	195	12	2	200	859
34.	43	6	2	8	32	9	10	8	800	4	10	$0.08	134	4	9	50	214
35.	53	4	10	5	126	6	4	4	40	8	8	$0.02	133	24	6	250	791
36.	63	12	1	7	134	8	8	7	17	10	3	$0.06	$15.00	50	1	500	427
37.	73	14	8	0	157	4	6	12	13	11	6	$0.01	$6.00	300	4	300	562
38.	83	16	6	9	148	7	4	6	12	5	4	$0.09	$6.00	200	8	400	685
39.	93	18	9	1	169	3	4	3	19	7	7	$0.05	$49.00	400	10	100	973
40.	103	16	4	2	173	1	6	9	16	9	1	$0.04	$8.00	100	5	450	136
41.	15	14	200 cm	15	125	6	205	60	7	4	30	3	215¢	1m 32cm	360	10	8
42.	18	12	400 cm	13	133	0	607	70	17	4	20¢	13	185¢	1m 84cm	620	5	7
43.	12	10	300 cm	12	156	2	301	80/90	27	40	30¢	23	145¢	2m 56cm	450	11	8
44.	18	8	800 cm	19	147	7	402	10	37	40	50¢	33	270¢	1m 92cm	780	9	5
45.	17	6	500 cm	15	166	3	809	50/60	47	40	70¢	43	405¢	2m 22cm	590	4	7
46.	7	63	15	12	178	8	137	20	57	11	90¢	53	315¢	1m 99cm	960	8	6
47.	14	75	25	15	100°C	4	241	40	67	11	40¢	63	525¢	3m 58cm	900	3	3
48.	11	48	35	12	0°C	9	629	20	77	15	80¢	73	805¢	2m 12cm	230	7	8
49.	18	97	45	21	100 yrs	10	586	30	87	15	60¢	83	310¢	5m 27cm	810	2	9
50.	20	81	55	10	10 yrs	5	719	30	97	13	10¢	93	775¢	6m 3cm	170	6	9

Test	21	23	24	25	26	27	28	29	30	32	33	34	35	37	38	39	40
1.	60	6	$14.00	40	40	0	9	15	33	0	9	36	36	0	0	0	48
2.	20	16	$10.00	25	20	3	30	27	9	9	63	72	54	15	45	6	0
3.	50	2	$24.00	20	100	6	0	30	3	18	36	90	99	21	54	12	24
4.	35	14	$8.00	90	80	9	30	24	27	27	81	18	45	63	9	18	60
5.	55	12	$18.00	16	20	12	27	36	36	36	27	0	72	6	72	24	54
6.	25	18	$20.00	20	70	15	18	0	24	45	72	72	90	18	63	30	18
7.	40	20	$4.00	18	60	18	27	9	18	54	108	45	108	45	108	36	12
8.	10	8	$6.00	30	10	21	9	12	12	63	63	54	63	18	81	42	36
9.	30	10	$12.00	36	10	24	18	21	21	72	90	36	81	54	27	48	66
10.	45	0	$40.00	60	40	27	21	18	30	81	72	63	27	0	90	54	54
11.	15	30	0	12	12	30	12	6	6	90	45	27	36	36	36	60	24
12.	5	0	30	24	36	33	18	12	21	99	63	81	15	108	33	66	48
13.	30	40	40	45	24	36	24	15	18	108	90	72	3	24	21	72	12
14.	10	55	15	6	40	0	21	30	36	0	72	99	21	72	9	0	30
15.	0	45	25	45	16	3	24	3	6	9	27	36	9	27	18	6	72
16.	25	20	45	100	32	6	18	3	15	18	0	0	18	12	0	12	30
17.	15	25	35	28	48	9	21	12	27	27	18	54	12	36	27	18	42
18.	35	35	50	12	20	12	3	6	6	36	45	90	24	81	6	24	36
19.	45	15	5	40	28	15	24	15	27	45	72	81	30	30	15	30	54
20.	20	10	40	18	0	18	0	30	9	54	54	18	27	90	30	36	48
21.	50	24	20	36	0	21	36	21	24	63	54	45	360	150	24	42	18
22.	40	80	60	15	60	24	21	27	12	72	63	72	180	230	12	48	18
23.	2	14	45	90	12	27	27	18	27	81	36	63	270	350	6	54	42
24.	24	6	30	16	18	30	27	30	24	90	45	45	450	190	2	60	42
25.	6	45	25	32	14	33	6	24	12	99	54	54	630	400	24	66	36
26.	10	90	40	48	6	36	12	24	18	108	81	63	0	290	8	72	54
27.	18	48	40	60	8	60	27	30	30	180	54	54	900	320	18	24	60
28.	16	100	35	30	16	90	9	21	15	270	81	108	810	270	14	72	48
29.	12	25	15	50	24	120	24	27	0	720	108	81	540	180	12	42	42
30.	14	16	35	80	2	150	12	18	21	810	0	27	720	360	16	18	24
31.	0	45	110	20	15	180	6	10	60	900	2	180	14	8	10	54	48
32.	28	40	14	19	30	210	30	5	210	1	7	720	14	80	20	6	60
33.	12	30	40	17	35	240	33	9	270	3	5	900	13	11	32	12	24
34.	32	12	12	15	10	270	15	2	180	12	10	360	8	110	36	1	42
35.	16	35	18	18	25	300	21	4	90	4	1	810	7	9	40	3	72
36.	36	70	90	18	40	330	24	8	240	6	4	450	9	90	12	4	18
37.	20	40	30	20	45	360	36	3	300	5	6	90	12	16	28	9	54
38.	48	30	60	18	40	60	15	11	180	8	8	630	14	160	0	5	30
39.	24	45	80	14	45	90	15	7	150	7	9	540	14	13	48	7	18
40.	40	18	100	19	20	120	0	6	120	9	3	270	20	130	16	8	60
41.	50	32	$99.00	70	8	150	12	3	12	5	1h 4min	4	9	0	24	10	12
42.	60	54	$95.00	800	8	180	5	5	9	7	1h 15min	10	7	0	20	5	24
43.	120	67	$92.00	6	10	210	9	8	6	8	1h 21min	0	10	0	90	10	15
44.	70	93	$94.00	300	7	240	3	7	4	9	1h 37min	7	5	0	45	8	30
45.	100	81	$98.00	10	8	270	6	11	2	6	1h 40min	2	16	0	70	2	6
46.	10	45	$93.00	40	5	300	8	10	7	10	100	6	100	8	35	6	36
47.	40	92	$97.00	500	6	330	10	2	5	4	1,000	1	25	6	80	3	21
48.	90	26	$90.00	400	5	360	4	4	10	12	10,000	5	9	7	40	7	27
49.	80	13	$91.00	9	7	36	7	9	3	3	100,000	8	81	5	50	9	9
50.	30	79	$96.00	70	7	60	1	6	8	11	1,000,000	3	4	9	25	4	18

Math Speed Tests – Book 2

Test	41	42	44	45	46	47	49	50	51	52	53	54	55	57	58	59	60
1.	6	24	36	12	9	1	14	1	6	0	24	8	40	6	20	0	28
2.	18	48	72	9	1	4	35	4	9	8	48	0	56	12	18	7	56
3.	36	36	108	27	8	9	80	16	27	16	0	56	24	24	8	14	77
4.	24	60	21	14	2	16	16	100	15	24	72	72	48	12	0	21	35
5.	48	42	42	24	5	25	72	25	21	32	32	56	80	24	32	28	63
6.	30	18	63	32	10	36	21	9	12	40	32	24	56	48	36	35	0
7.	60	600	9	12	7	81	42	36	24	48	88	40	0	14	0	42	42
8.	12	24	18	4	3	100	24	81	18	56	56	64	56	28	4	49	84
9.	54	6	27	54	6	27	48	3	30	64	56	80	96	56	3	56	70
10.	42	360	18	21	4	24	28	10	30	72	96	32	24	8	80	63	49
11.	48	660	36	24	20	70/80	32	4	60	80	80	56	48	16	8	70	21
12.	66	300	54	18	40	50	63	9	36	88	40	48	72	32	81	77	0
13.	24	600	24	48	4	90	35	5	72	96	40	72	16	4	8	84	42
14.	30	420	48	81	24	20	40	2	42	0	72	80	72	8	45	0	77
15.	54	540	72	8	36	80	40	6	18	8	16	88	64	16	12	7	49
16.	0	120	12	72	8	100	32	1	48	16	96	0	24	18	30	14	84
17.	24	180	24	108	28	80	70	72	54	24	64	24	32	36	72	21	70
18.	42	480	36	42	12	40	48	63	24	32	56	40	48	72	12	28	21
19.	48	240	27	60	32	40/50	28	48	27	40	72	32	56	16	64	35	35
20.	12	720	54	12	16	60	72	81	54	48	48	96	72	32	20	42	28
21.	24	9	81	120	36	6	24	54	90	56	64	16	16	64	35	49	63
22.	54	7	90	63	63	9	21	90	108	64	80	48	32	10	40	56	56
23.	72	8	15	45	9	108	80	30	45	72	48	72	64	20	14	63	12
24.	42	1	30	33	81	18	16	42	72	80	56	56	88	40	40	70	11
25.	30	6	45	36	45	27	14	45	36	88	72	32	24	2	16	77	3
26.	48	4	4	12	27	60	42	12 m^2	81	96	48	64	72	4	15	84	5
27.	60	2	9	28	72	12	63	10 m^2	63	48	40	96	40	8	0	140	10
28.	18	3	16	60	90	24	40	18 m^2	10	80	24	16	96	0	21	70 yrs	9
29.	36	5	25	24	54	36	12	24 m^2	16	96	40	48	64	0	96	84	4
30.	18	10	36	36	18	36	30	21 m^2	48	2	0	64	56	0	22	1	6
31.	9	7	81	15	12	35	4	48 m^2	12	1	16	2	0	20	24	2	8
32.	5	10	100	20	36	48	1	28 m^2	35	10	32	10	40	40	18	4	7
33.	7	5	100°C	0	60	15	1	36 m^2	45	3	24	3	32	80	6	11	14
34.	8	6	0°C	18	54	20	100	40 m^2	40	6	100°C	7	16	24	24	8	140
35.	10	7	2	18	42	72	16	63 m^2	50	7	0°C	9	72	48	40	12	1,400
36.	6	5	3	90	6	28	36	40 m^2	36	11	6	6	16	96	6	6	21
37.	12	8	5	6	24	16	9	15 m^2	28	8	3	8	56	1h 4min	0	3	210
38.	1	15	9	40	30	16	25	28 m^2	32	0	9	5	8	1h 12min	48	5	2,100
39.	3	5	4	48	48	40	81	48 m^2	12	5	7	4	80	1h 24min	4	9	28
40.	4	7	10	6	18	32	4	90 m^2	24	12	4	1	16	1h 31min	32	7	280
41.	25	54	6	30	9	24	40	163	45	9	8	3	24	1h 40min	+	10	2,800
42.	4	18	8	16	3	45	37	172	68	4	5	6	40	1h 48min	−	4	35
43.	36	42	4	16	15	24	50	184	84	12	100	4	48	1h 50min	x	7	350
44.	16	48	8	54	24	30	45	166	57	11	64	10	16	1h 55min	÷	10	3,500
45.	9	12	8	36	12	14	60	127	33	3	16	2	64	2h 1min	≠	2	42
46.	12	60	8	45	27	40	57	144	65	5	36	8	4	100	=	5	420
47.	36	24	8	40	18	50	80	166	83	4	4	3	16	1	>	3	4,200
48.	6	72	8	35	6	120	74	115	81	8	9	10	100	9	<	8	49
49.	72	30	7	27	21	21	20	20	88	6	25	5	25	900	°	6	490
50.	24	36	6	30	30	27	11	11	64	7	1	6	1	25	cm	9	4,900

Test	61	62	64	65	66	67
1.	49	42	9	8	56	72
2.	21	21	1	16	80	45
3.	70	49	25	90	0	0
4.	28	28	4	50	70	40
5.	7	21	16	12	81	42
6.	35	56	100	14	50	64
7.	49	84	36	40	7	36
8.	63	35	64	42	32	36
9.	35	63	49	20	36	28
10.	42	0	81	24	14	81
11.	56	56	66	10	100	40
12.	28	42	75	9	40	20
13.	84	70	18	2	56	63
14.	49	77	27	7	18	72
15.	14	35	39	4	30	15
16.	21	0	56	3	21	56
17.	42	63	7	6	24	45
18.	63	14	44	5	64	32
19.	56	28	43	8	27	9
20.	28	42	71	1	15	49
21.	14	1330	600	14	y./yr	35
22.	77	1615	1,800	63	w.	48
23.	42	1800	800	21	m.	18
24.	21	0630	900	56	cm	24
25.	14	2145	1,000	28	mL	63
26.	3	A	1,500	49	km	30
27.	10	O	1,200	35	ha	1
28.	9	A	1,200	70	m^2	4
29.	6	A	2,700	42	min.	56
30.	8	O	1,400	12	mm	54
31.	280	O	2,100	4	30	3
32.	420	7	1,600	24	40	13
33.	560	4	1,200	8	20	23
34.	840	11	2,400	16	50	33
35.	700	6	1,800	28	10	43
36.	140	10	1,600	20	4	53
37.	350	5	3,200	40	16	63
38.	490	9	2,400	32	81	73
39.	630	3	3,600	36	9	83
40.	210	8	2,000	786	25	93
41.	12	30 m^2	3,500	647	1.84 m	1
42.	5	12 m^2	2,800	335	1.23 m	1
43.	1	35 m^2	6,300	578	1.59 m	4
44.	8	21 m^2	2,500	221	1.08 m	8
45.	6	18 m^2	4,500	462	1.32 m	1,000
46.	9	70 m^2	6,400	814	2.87 m	100
47.	4	56 m^2	3,000	953	2.91 m	200
48.	10	20 m^2	4,000	365	2.45 m	300
49.	7	49 m^2	4,900	366	2.64 m	400
50.	3	16 m^2	8,100	52	3.76 m	500

Super Speed Test – 5				Super Speed Test – 10			
1.	6	51.	60	1.	8	51.	40
2.	16	52.	140	2.	24	52.	80
3.	14	53.	80	3.	28	53.	280
4.	8	54.	160	4.	28	54.	320
5.	18	55.	40	5.	40	55.	160
6.	12	56.	180	6.	32	56.	360
7.	16	57.	120	7.	24	57.	200
8.	18	58.	200	8.	16	58.	400
9.	0	59.	20	9.	36	59.	240
10.	20	60.	100	10.	28	60.	120
11.	10	61.	12	11.	36	61.	8
12.	14	62.	12	12.	32	62.	24
13.	16	63.	8	13.	0	63.	32
14.	18	64.	14	14.	36	64.	16
15.	22	65.	10	15.	20	65.	48
16.	20	66.	14	16.	24	66.	12
17.	14	67.	16	17.	40	67.	28
18.	24	68.	4	18.	28	68.	36
19.	10	69.	16	19.	36	69.	40
20.	12	70.	16	20.	48	70.	20
21.	8	71.	18	21.	0	71.	16
22.	14	72.	6	22.	36	72.	36
23.	6	73.	6	23.	16	73.	32
24.	10	74.	18	24.	4	74.	36
25.	4	75.	18	25.	24	75.	24
26.	60	76.	8	26.	40	76.	16
27.	80	77.	14	27.	12	77.	28
28.	40	78.	12	28.	28	78.	36
29.	40	79.	10	29.	32	79.	16
30.	60	80.	20	30.	48	80.	40
31.	24	81.	40	31.	12	81.	16
32.	14	82.	120	32.	44	82.	12
33.	20	83.	200	33.	32	83.	32
34.	4	84.	160	34.	32	84.	0
35.	18	85.	20	35.	16	85.	28
36.	14	86.	140	36.	32	86.	8
37.	10	87.	80	37.	40	87.	20
38.	16	88.	180	38.	20	88.	32
39.	18	89.	100	39.	0	89.	36
40.	12	90.	60	40.	36	90.	44
41.	20	91.	106	41.	1	91.	40
42.	6	92.	86	42.	2	92.	80
43.	14	93.	47	43.	3	93.	200
44.	2	94.	27	44.	5	94.	400
45.	8	95.	56	45.	4	95.	240
46.	16	96.	37	46.	7	96.	120
47.	18	97.	26	47.	9	97.	280
48.	10	98.	36	48.	10	98.	320
49.	4	99.	46	49.	6	99.	160
50.	12	100.	57	50.	8	100.	360

Math Speed Tests – Book 2

Super Speed Test — 17

#	Ans	#	Ans
1.	40	51.	97
2.	20	52.	95
3.	70	53.	98
4.	90	54.	100
5.	110	55.	91
6.	0	56.	92
7.	30	57.	96
8.	60	58.	93
9.	40	59.	94
10.	70	60.	99
11.	10	61.	0
12.	100	62.	10
13.	50	63.	4
14.	110	64.	9
15.	50	65.	12
16.	110	66.	2
17.	10	67.	6
18.	100	68.	11
19.	50	69.	8
20.	120	70.	1
21.	9	71.	14
22.	5	72.	74
23.	8	73.	44
24.	3	74.	84
25.	6	75.	24
26.	1	76.	54
27.	4	77.	104
28.	7	78.	34
29.	2	79.	94
30.	10	80.	64
31.	80	81.	40¢
32.	110	82.	10¢
33.	20	83.	60¢
34.	120	84.	20¢
35.	50	85.	50¢
36.	80	86.	80¢
37.	90	87.	70¢
38.	20	88.	90¢
39.	120	89.	100¢/$1
40.	60	90.	30¢
41.	70	91.	166
42.	230	92.	151
43.	670	93.	182
44.	150	94.	169
45.	470	95.	112
46.	880	96.	140
47.	260	97.	160
48.	580	98.	80
49.	930	99.	120
50.	390	100.	180

Super Speed Test — 22

#	Ans	#	Ans
1.	20	51.	150
2.	50	52.	250
3.	30	53.	400
4.	25	54.	100
5.	35	55.	300
6.	45	56.	450
7.	30	57.	0
8.	40	58.	350
9.	0	59.	500
10.	45	60.	200
11.	30	61.	10
12.	55	62.	20
13.	35	63.	15
14.	40	64.	45
15.	60	65.	45
16.	50	66.	35
17.	40	67.	60
18.	45	68.	15
19.	35	69.	20
20.	15	70.	25
21.	10	71.	45
22.	10	72.	30
23.	15	73.	40
24.	55	74.	40
25.	250	75.	35
26.	15	76.	50
27.	505	77.	55
28.	550	78.	30
29.	205	79.	30
30.	105	80.	35
31.	60	81.	350
32.	45	82.	400
33.	55	83.	250
34.	30	84.	350
35.	40	85.	450
36.	35	86.	150
37.	60	87.	500
38.	0	88.	300
39.	50	89.	200
40.	25	90.	450
41.	20	91.	5
42.	45	92.	15
43.	5	93.	25
44.	25	94.	35
45.	35	95.	45
46.	40	96.	55
47.	60	97.	65
48.	30	98.	75
49.	40	99.	85
50.	20	100.	95

Super Speed Test — 31

#	Ans	#	Ans
1.	0	51.	60
2.	30	52.	210
3.	3	53.	240
4.	24	54.	90
5.	6	55.	270
6.	27	56.	360
7.	9	57.	120
8.	21	58.	300
9.	12	59.	150
10.	24	60.	180
11.	15	61.	0
12.	21	62.	9
13.	18	63.	12
14.	15	64.	6
15.	21	65.	12
16.	27	66.	21
17.	24	67.	36
18.	12	68.	6
19.	27	69.	15
20.	18	70.	15
21.	9	71.	0
22.	6	72.	21
23.	12	73.	27
24.	15	74.	27
25.	18	75.	3
26.	60	76.	18
27.	60	77.	24
28.	33	78.	18
29.	330	79.	24
30.	33	80.	3
31.	12	81.	90
32.	9	82.	120
33.	5	83.	60
34.	3	84.	270
35.	10	85.	150
36.	4	86.	30
37.	7	87.	180
38.	6	88.	300
39.	8	89.	210
40.	11	90.	240
41.	27	91.	98
42.	24	92.	96
43.	6	93.	97
44.	30	94.	95
45.	27	95.	94
46.	15	96.	99
47.	27	97.	92
48.	18	98.	90
49.	24	99.	93
50.	3	100.	91

Super Speed Test — 36

#	Ans	#	Ans
1.	157	51.	2
2.	156	52.	7
3.	143	53.	4
4.	142	54.	8
5.	187	55.	5
6.	186	56.	12
7.	175	57.	3
8.	174	58.	6
9.	148	59.	9
10.	147	60.	2
11.	9	61.	40
12.	108	62.	37
13.	90	63.	30
14.	0	64.	23
15.	36	65.	80
16.	63	66.	72
17.	45	67.	60
18.	90	68.	55
19.	27	69.	50
20.	81	70.	44
21.	72	71.	100
22.	36	72.	1,000
23.	81	73.	10,000
24.	63	74.	100,000
25.	72	75.	1,000,000
26.	18	76.	8
27.	72	77.	27
28.	99	78.	81
29.	54	79.	125
30.	63	80.	25
31.	45	81.	2
32.	63	82.	5
33.	18	83.	8
34.	72	84.	1
35.	54	85.	4
36.	27	86.	7
37.	27	87.	10
38.	72	88.	3
39.	45	89.	6
40.	72	90.	9
41.	0	91.	30
42.	63	92.	45
43.	108	93.	15
44.	36	94.	25
45.	45	95.	35
46.	27	96.	5
47.	108	97.	20
48.	0	98.	10
49.	54	99.	40
50.	81	100.	50

Super Speed Test – 43

#		#		#		#	
1.	24	51.	240	26.	5	76.	30
2.	54	52.	480	27.	8	77.	6
3.	30	53.	300	28.	6	78.	0
4.	72	54.	600	29.	9	79.	120
5.	42	55.	720	30.	10	80.	60
6.	36	56.	360	31.	18	81.	600
7.	54	57.	540	32.	30	82.	420
8.	48	58.	180	33.	60	83.	240
9.	42	59.	0	34.	42	84.	720
10.	60	60.	420	35.	24	85.	540
11.	0	61.	54	36.	72	86.	300
12.	42	62.	54	37.	54	87.	180
13.	66	63.	24	38.	48	88.	480
14.	60	64.	48	39.	18	89.	660
15.	48	65.	72	40.	24	90.	360
16.	54	66.	24	41.	54	91.	6
17.	72	67.	18	42.	48	92.	16
18.	54	68.	42	43.	30	93.	26
19.	48	69.	66	44.	48	94.	36
20.	18	70.	48	45.	0	95.	46
21.	24	71.	12	46.	54	96.	56
22.	12	72.	36	47.	36	97.	66
23.	4	73.	54	48.	42	98.	76
24.	7	74.	24	49.	30	99.	86
25.	11	75.	60	50.	66	100.	96

Super Speed Test – 48

#		#		#		#	
1.	0	51.	20	26.	48	76.	24
2.	12	52.	16	27.	0	77.	36
3.	20	53.	20	28.	36	78.	36
4.	24	54.	30	29.	66	79.	48
5.	30	55.	27	30.	45	80.	44
6.	15	56.	27	31.	14	81.	16
7.	36	57.	48	32.	14	82.	27
8.	8	58.	32	33.	0	83.	27
9.	28	59.	32	34.	22	84.	16
10.	2	60.	42	35.	24	85.	32
11.	3	61.	8	36.	0	86.	32
12.	12	62.	6	37.	3	87.	72
13.	18	63.	10	38.	36	88.	15
14.	33	64.	9	39.	2	89.	35
15.	24	65.	15	40.	28	90.	40
16.	18	66.	6	41.	18	91.	8
17.	33	67.	20	42.	12	92.	22
18.	36	68.	10	43.	4	93.	30
19.	40	69.	0	44.	18	94.	10
20.	5	70.	8	45.	24	95.	12
21.	24	71.	4	46.	12	96.	0
22.	24	72.	16	47.	10	97.	10
23.	20	73.	28	48.	21	98.	12
24.	24	74.	28	49.	21	99.	4
25.	24	75.	36	50.	44	100.	36

Super Speed Test – 56

#		#		#		#	
1.	24	51.	16	26.	100	76.	24
2.	64	52.	16¢	27.	9	77.	72
3.	0	53.	$16	28.	16	78.	72
4.	32	54.	16¢	29.	81	79.	24
5.	72	55.	$16	30.	8	80.	96
6.	96	56.	100	31.	56	81.	3,600
7.	72	57.	400	32.	16	82.	6,400
8.	40	58.	900	33.	72	83.	8,100
9.	80	59.	1,600	34.	48	84.	10,000
10.	48	60.	2,500	35.	96	85.	807
11.	64	61.	64	36.	88	86.	302
12.	40	62.	40	37.	0	87.	205
13.	56	63.	40	38.	80	88.	808
14.	88	64.	72	39.	64	89.	150
15.	80	65.	96	40.	72	90.	806
16.	48	66.	56	41.	40	91.	2
17.	64	67.	56	42.	56	92.	12
18.	96	68.	48	43.	32	93.	42
19.	72	69.	72	44.	72	94.	62
20.	56	70.	56	45.	64	95.	82
21.	4	71.	48	46.	48	96.	52
22.	25	72.	32	47.	96	97.	32
23.	64	73.	80	48.	56	98.	22
24.	1	74.	88	49.	40	99.	92
25.	36	75.	32	50.	24	100.	72

Super Speed Test – 63

#		#		#		#	
1.	7	51.	140	26.	42	76.	56
2.	70	52.	210	27.	21	77.	56
3.	14	53.	280	28.	63	78.	70
4.	84	54.	490	29.	77	79.	63
5.	84	55.	840	30.	0	80.	63
6.	63	56.	560	31.	70	81.	77
7.	49	57.	420	32.	630	82.	84
8.	7	58.	770	33.	140	83.	84
9.	63	59.	630	34.	350	84.	77
10.	84	60.	350	35.	560	85.	49
11.	49	61.	0	36.	210	86.	12
12.	14	62.	70	37.	840	87.	15
13.	56	63.	7	38.	490	88.	42
14.	56	64.	77	39.	280	89.	1
15.	49	65.	14	40.	420	90.	11
16.	77	66.	84	41.	49	91.	70
17.	56	67.	21	42.	14	92.	68
18.	28	68.	21	43.	707	93.	60
19.	21	69.	28	44.	70	94.	58
20.	56	70.	28	45.	7	95.	40
21.	28	71.	35	46.	14	96.	38
22.	35	72.	35	47.	35	97.	80
23.	35	73.	42	48.	7	98.	78
24.	70	74.	42	49.	42	99.	50
25.	42	75.	49	50.	4,900	100.	48

Math Speed Tests – Book 2   © World Teachers Press® – www.worldteacherspress.com

Assignment 24 – Time I

Calendar

January

S	M	T	W	T	F	S
1	2	3	4	5	6	7
8	9	10	11	12	13	14
15	16	17	18	19	20	21
22	23	24	25	26	27	28
29	30	31				

February

S	M	T	W	T	F	S
				1	2	3	4
5	6	7	8	9	10	11
12	13	14	15	16	17	18
19	20	21	22	23	24	25
26	27	28				

March

S	M	T	W	T	F	S
			1	2	3	4
5	6	7	8	9	10	11
12	13	14	15	16	17	18
19	20	21	22	23	24	25
26	27	28	29	30	31	

April

S	M	T	W	T	F	S
30						1
2	3	4	5	6	7	8
9	10	11	12	13	14	15
16	17	18	19	20	21	22
23	24	25	26	27	28	29

May

S	M	T	W	T	F	S
	1	2	3	4	5	6
7	8	9	10	11	12	13
14	15	16	17	18	19	20
21	22	23	24	25	26	27
28	29	30	31			

June

S	M	T	W	T	F	S
				1	2	3
4	5	6	7	8	9	10
11	12	13	14	15	16	17
18	19	20	21	22	23	24
25	26	27	28	29	30	

July

S	M	T	W	T	F	S
30	31					1
2	3	4	5	6	7	8
9	10	11	12	13	14	15
16	17	18	19	20	21	22
23	24	25	26	27	28	29

August

S	M	T	W	T	F	S
		1	2	3	4	5
6	7	8	9	10	11	12
13	14	15	16	17	18	19
20	21	22	23	24	25	26
27	28	29	30	31		

September

S	M	T	W	T	F	S
					1	2
3	4	5	6	7	8	9
10	11	12	13	14	15	16
17	18	19	20	21	22	23
24	25	26	27	28	29	30

October

S	M	T	W	T	F	S
1	2	3	4	5	6	7
8	9	10	11	12	13	14
15	16	17	18	19	20	21
22	23	24	25	26	27	28
29	30	31				

November

S	M	T	W	T	F	S
			1	2	3	4
5	6	7	8	9	10	11
12	13	14	15	16	17	18
19	20	21	22	23	24	25
26	27	28	29	30		

December

S	M	T	W	T	F	S
31					1	2
3	4	5	6	7	8	9
10	11	12	13	14	15	16
17	18	19	20	21	22	23
24	25	26	27	28	29	30

1. How many months are there in one year? _____

2. How many days are in March? _____ February? _____ May? _____

3. How many days in one year? _____

4. Circle your birthday in purple.

5. Color the following days in red and write the day it falls on.

Christmas _____ Thanksgiving _____

New Year's Day _____ Valentine's _____

6. How many Thursdays are there in October? _____

7. What is the date on the third Friday of May? _____

8. What is the date of the first Wednesday in June? _____

9. What date is the second Monday of the third month? _____

Math Speed Tests – Book 2

Assignment 19 – Measuring

Sample Page from World Teachers Press' *Math Homework Assignments* Grade 4

1. How many millimeters (mm) in one centimeter (cm)? _____

2. How many cm in one meter (m)? _____

3. How many m in one kilometer (km)? _____

4. Write whether you would use mm, cm, m or km to measure the following items:

(a) length of the classroom; _____

(b) length of a fingernail; _____

(c) height of the classroom door; _____

(d) length of a pencil; _____

(e) width of your math pad; and _____

(f) distance from Los Angeles to Washington D.C. _____

5. Use your ruler to measure the length of these lines.

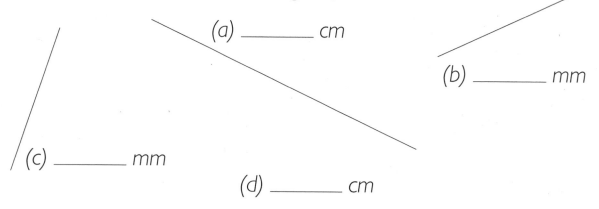

(a) _____ cm

(b) _____ mm

(c) _____ mm

(d) _____ cm

6. What is your height in cm? _____ in mm? _____

7. How many cm is your height more than 1 m? _____

8. How many cm is your height less than 2 m? _____

   Math Speed Tests – Book 2   © World Teachers Press® – www.worldteacherspress.com

Assignment 23 – Graphs

1. Use the bar graph to answer the following questions.

(a) How many children are in Room 12? _____

(b) Which was the least popular drink? _____

(c) Which was the most popular drink? _____

(d) How many children preferred orange? _____

(e) How many more children preferred cola to raspberry? _____

(f) How many children preferred another drink to lemonade? _____

(g) Which drinks received the same number of votes? _____

(h) How many children chose orange, lemon and ginger ale? _____

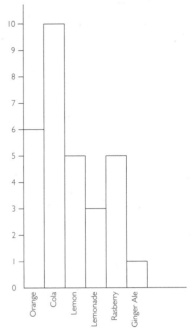

2. Use the following information to construct your own bar graph on the grid provided.

Color	No. of children
Blue	12
Green	7
Brown	10
Hazel	2

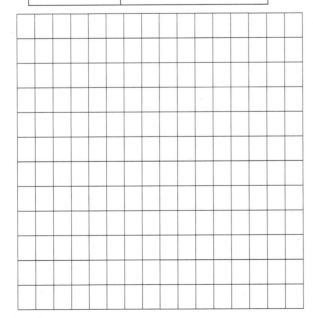

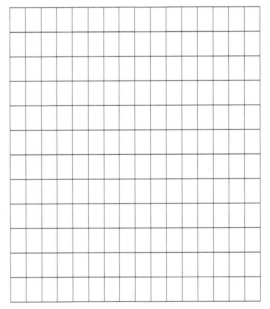

Maximum Temperatures

Week 1		Week 2	
Mon	28	Mon	30
Tue	29	Tue	32
Wed	25	Wed	28
Thur	27	Thur	34
Fri	28	Fri	33

Assignment 27 – Mapping

Japan

1. What direction is Otaru from Tokyo? _____

2. Approximately how far is it from Kagoshima to Osaka? _____

3. Approximately how long is the island of Kyushu? _____

4. How far is it between the cities of Nagasaki and Hiroshima?

   _____

5. What direction is Kagoshima from Hiroshima? _____

6. List the four main islands in order of size from largest to smallest.

   _____

7. Approximately how wide is the island of Shikoku? _____

8. How many kilometers would you travel if you went from Kagoshima to Hiroshima, on to Osaka, Tokyo and then Otaru? _____

Scale: 1 cm = 200 km

New Zealand

1. Approximately how long are both the North and South Islands? _____

2. What direction is Mt. Cook from Invercargill? _____

3. What is the distance between Wellington and Rotorua?

   _____

4. How many kilometers would you travel from Nelson to Mt. Cook? _____

5. What direction is Dunedin from Invercargill? _____

6. Approximately how wide is the South Island at its narrowest point? _____

7. What is the approximate distance from Stewart Island to Christchurch? _____

   What direction would you travel in? _____

NOTES

NOTES

 Math Speed Tests – Book 2 © World Teachers Press® – www.worldteacherspress.com

NOTES

NOTES

Do not forget keep studying